지혜롭고 싶을 때

지혜롭고 싶을 때

문건오 지음

창작시대사

지식은 도서관에서
잠을 자고 있지만,
지혜는
도처에서 눈을 크게 뜨고
조심스럽게
우리를 기다리고 있다.

— 조시 빌링스

지식과 지혜

세상에는 세 가지 부류의 사람이 있다.
지식과 지혜를 모두 가진 사람이 그 첫 번째요,
지식과 지혜 중에서 어느 한쪽만 가진 사람이 두 번째요,
지식과 지혜 어느 쪽도 가지지 않는 사람이 그 세 번째다.
첫 번째 사람을 지혜롭다 하고, 두 번째 사람을 똑똑하다 하고,
세 번째 사람을 멍청하다 하는데,
이 중에서 어리석음에 빠지지 않고
세상을 살아갈 사람은
지혜로운 사람뿐이다.

When you want to be wise

지혜롭고 싶을 때 –
우리의 삶 속에서 얻어진 지혜의 결정체들

 지식과 지혜 중에서 세상을 살아가는 데 어느 것이 더 필요할까요? 복잡다기한 세상을 무리 없이 헤쳐 나가기 위해서는 지식과 지혜, 둘 다 필요합니다. 세상은 이론으로 풀리는 부분이 따로 있고 경험으로 풀리는 부분이 따로 있어서 지식과 지혜를 동시에 갖추고 있어야 막힘없이 살아갈 수 있습니다.

 지식과 지혜는 법과 도덕의 관계처럼 떼려야 뗄 수 없는 불가분의 관계에 놓여 있습니다. 사회질서를 유지시키기 위해서는 법과 도덕이 상호 보충을 통해 서로의 틈새를 메워 주듯이 지식과 지혜 또한 상호 보충을 통해 서로의 부족한 틈새를 메워 주기 때문이지요. 지식은 지혜가 풀지 못하는 부분을 풀어 주고 지혜는 지식이 풀지 못하는 부분을 풀어 주어 현명하고 지혜로운 삶을 살아갈 수 있도록 도와줍니다.

　지식이 많다고 해서 지혜와 담을 쌓거나 지혜가 많다고 해서 지식을 멀리하는 것은 결코 바람직하지 않습니다. 지식과 지혜는 일맥상통하는 면도 있지만 상이한 면도 있어서 어느 한쪽만을 추구하면 삶이 답답해집니다. 지식만 갖춘 사람은 지혜가 필요한 부분에서 답답해지고 지혜만 갖춘 사람은 지식이 필요한 부분에서 답답해집니다.

　첨단 문명의 시대에 살고 있다고 해서 지혜를 경솔히 취급하거나 극단적으로 필요 없다고 외면해서도 안 됩니다. 변화하는 시대에 맞춰 지혜는 변할지 몰라도 인간이 삶을 영위하는 한 지혜의 필요성은 줄어들지 않습니다. 아무리 사회가 과학화되고 첨단 문명화된다 하더라도 지혜의 도움 없이 인간다운 삶을 살아가는 것은 불가능합니다.

　이 책은 지식의 반대편에 있는 지혜를 다루었습니다. 자아의 통찰과 삶의 본질적 의미를 깨우쳐 주기 위하여 인류의 보편적 가치를 제시하였고, 세상을 보는 안목을 넓혀 주고 처세의 지침을 일러 주기 위하여 우리 삶 속에서 오랫동안 경험되고 체험되고 시행착오를 거치는 과정에서 얻어진 지혜의 결정체들을 담았습니다.

　지식과 더불어 지혜도 가진 사람, 그래서 인생이 무엇이고 인간다운 삶이 어떤 것인가를 분명히 알고 살아가는 사람이 되었으면 합니다. 지혜를 통하여 이성적으로 사고하고 가치 있게 행동하여

한 번뿐인 인생을 아름답게 장식할 줄 아는 사람이 되었으면 하는 바람으로 이 책을 펴내게 되었습니다.

우리 정서에 꼭 맞는 지혜 관련 서적을 내겠다는 일념을 가지고 오로지 이 분야에만 매달려온 지 수년, 이 책이 나오기까지는 그렇게 오랜 시간이 걸렸습니다. 이 책을 펴냄에 있어, 저자로서 최선을 다했다기보다는 정성을 다했다고 말하고 싶습니다. 100세 인생에 100년 지혜가 될 수 있도록 100년 앞을 내다보고 100번을 생각하고 썼습니다.

수많은 함정과 변수들이 도사리고 있는 인생의 강을 이 책 속에 담겨 있는 600개의 알토란 같은 지혜들을 징검다리 삼아 슬기롭게 건너갈 수 있기를 소망해 봅니다.

2020. 여름

문건오

C o n t e n t s

When you want to be wise

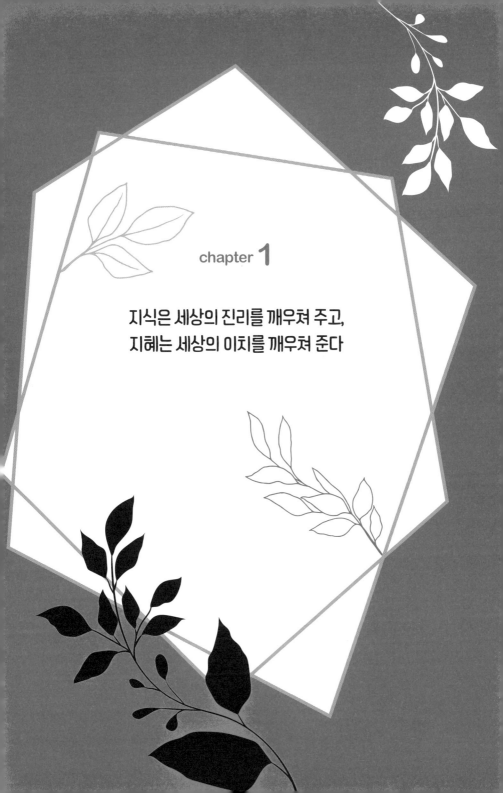

chapter **1**

지식은 세상의 진리를 깨우쳐 주고,
지혜는 세상의 이치를 깨우쳐 준다

참으로 위대한 일은
언제나 서서히 이루어지고,
눈에 보이지 않게 성장해 가는 법이다.
참으로 중요한 일에 종사하고 있는 사람은
모두 그 생활에 있어서 단순하다.
왜냐하면,
그들은 쓸데없는 일에
마음을 쏠 겨를이 없기 때문이다.

— 톨스토이

001 〜〜〜 지혜

물고기는 어항 속보다 강 속에 더 많이 있고, 지혜는 책 속보다 삶 속에 더 많이 있다. 어항 속에 담긴 물고기는 강 속에 있는 물고기의 극히 일부에 지나지 않고, 책 속에 담겨 있는 지혜는 삶 속에 있는 지혜의 극히 일부분에 지나지 않는다. 그래서 지혜는 삶 속에서 구하고 익혀 나가야 한다.

002 〜〜〜 인격

잘한 일에 박수를 치거나 비도덕적이고 정의롭지 못한 일에 비난을 가하는 것은 정당할 뿐만 아니라 인격적으로 아무런 문제가 없다. 하지만 잘한 일에 질투를 일삼거나 비도덕적이고 정의롭지 못한 일에 동정을 보내는 것은 정당하지 못할 뿐만 아니라 인격적으로 상당한 문제가 있다.

003 〜〜〜 비범

비범한 사람의 보물은 그의 고귀한 가치를 창조하는 훌륭한 재료이다. 그중 세 가지는 바로 '풍부한 지혜'와 '예리한 판단력' 그리고 모든 사람을 행복으로 이끌어 줄 수 있는 '곧은 인품'이다. 지혜는 가슴이 아닌 머리에 의지해야 한다. 물론 상상력도 훌륭한 재산이고 또한 진실한 마음을 잘 헤아려 주는 배려도 중요하다. 사람은 20대에 강한 의지력을, 30대에 풍부한 지혜를, 그리고 40대에는 예리한 판단력을 가진다. 이해력이 빠른 사람은 고양이의 눈을 가지고 있어서 깜깜한 어둠 속에서도 사물을 정확하게 추측해 내고 정곡을 날카롭게 지적한다. 그래서 이들의 눈에는 혼잡하고 어수선한 일도 질서정연하게 보인다. 우리의 주변에는 삶을 풍요롭고 즐겁게 만들어 주는 훌륭한 재료들이 도처에 널려 있다. 언제 어디서든지 이 사실을 기억하고 그것을 최대한 활용하여 지혜로운 삶을 만들어 가라.

004 〰️ 만족

뭐든지 부족해도 문제가 되지만 뭐든지 과해도 탈이 난다. 그러므로 적당하다고 생각될 때, 조금만 더 했으면 하고 생각될 때 만족하면 아무 탈이 없다.

005 〰️ 눈치

나이와 눈치는 같이 먹어 가야 한다. 나이 어린 사람이 눈치만 빠르면 밉살맞기 알맞고, 나이 많은 사람이 눈치가 굼뜨면 눈총 맞기 알맞다. 나이 어린 사람이 눈치가 없으면 망나니 같은 행동을 하기가 쉽고, 나이 많은 사람이 눈치가 없으면 망령된 행동을 하기 쉽다.

006 〰️ 자만

소심한 사람이 갖고 있는 자신에 대한 불만은 나약함의 표출이고,

어리석은 사람이 드러내는 지나친 자기만족은 무지함의 표출이다. 지나친 자기만족, 자만심이 느끼게 해주는 행복은 어디까지나 일 장춘몽일 뿐, 이내 자신의 명성에 먹칠하고 만다. 그럼에도 불구하고 사람들이 자만심에서 헤어나지 못하는 이유는 자만심이 자신의 눈을 가리고, 자아도취에 빠뜨려 다른 사람의 완벽한 아름다움을 보지 못하게 하기 때문이다. 자만심은 어리석음을 만회하고 싶은 바보가 뿌리는 독이 든 씨앗이다. 자만심을 버리되, 결코 좌절을 두려워하지 말라. 좌절에 대한 경계심이야말로 좌절을 두려워하지 않고 현명하게 극복할 수 있는 지혜를 얻게 해 준다.

007 〰 원인

일이 잘되면(성공하면) 그 원인이 한두 가지로 압축되지만 일이 잘 못되면(실패하면) 그 원인이 수십 가지로 늘어난다. '계획대로 밀고 나갔어야 했는데…', '차라리 이렇게 해볼 걸…' 하고 조금이라도 아쉬움이 남고 후회가 드는 것이라면 모두 잘못된 원인이 되어 버린다. 그래서 일이 잘못되면 핑계도 많아지고 탓(원망)도 많아지게 되는 것이다.

008 〰 관찰

자기 자신을 정확하게 관찰하라. 자기 자신을 정확하게 알지 못하면 통제가 불가능하다. 사람들은 외적인 모습을 중시하는 경향이 있어서 항상 외적인 모습에만 신경을 쓴다. 하지만 단순히 보여지는 모습에 연연하기 보다는 스스로 자신의 내적인 모습까지 돌이켜 봐야 한다. 내적인 모습의 변화와 성장이 진정한 자아 발전을 실현하기 때문이다. 일을 현명하게 처리하기 위해서는 자신의 장점과 단점을 정확하게 알고 있어야 하기 때문에 내적인 성숙은 외적인 그것보다 중요하다. 그리고 어떤 목표에 도전하고자 한다면 내가 알고 있는 자신의 모든 장점을 활용하여 문제 해결 능력을 시험해 보라.

009 〰️ 오늘

어제를 살아서는 안 되지만 어제를 교훈 삼아서 살아야 하고, 내일을 살아서는 안 되지만 내일을 희망 삼아서 살아야 한다. 그래야 오늘을 헛되이 살지 않는다.

010 〰️ 신중

자신의 행위가 옳은지 그른지 제대로 판단할 수 없을 때는 아무 것도 하지 말고 잠시 멈춰라. 이성은 상황을 현명하게 다스릴 수 있는 가장 훌륭한 기제이다. 어떤 일은 시작하기 전부터 비난을 받는다. 하지만 또 어떤 일은 사전에 꼼꼼히 알아보고 성공을 확신했다 하더라도 실제로 일을 진행시키는 과정에서 자기가 예상했던 것과 달라질 수 있다. 물론 의심과 비난을 받았음에도 사전에 가졌던 기대치보다 훨씬 큰 대가를 얻게 되는 경우도 있다. 사람의 일은 수시로 상황이 변하기 때문에 그때마다 적절히 대처할 수 있도록 신중하게 생각하고 행동할 줄 아는 성숙한 이성을 갖추어야 한다.

011 ∽ 자유

'네 맘대로 하라'라는 말을 액면 그대로 믿고 완전한 자유를 준 것으로 오해해서는 안 된다. 그것은 자유를 일임함과 동시에 책임도 떠넘긴 것이기 때문에 속박으로부터의 완전한 해방이 아니다. '네 맘대로 하라'는 말 속에는 '잘못되면 책임도 네가 져라'는 무서운 명령이 담겨 있어서 스스로 절제하지 않으면 오히려 더 궁지에 빠지고 만다.

012 ∽ 착각

여성들이 남성에 대하여 범하는 가장 위험한 착각은 몸(성)을 주면 마음도 당연히 주는 것으로 믿어 버리는 것이다. 반대로 남성들이 여성에 대하여 범하는 가장 위험한 착각은 몸을 품에 안으면 자기 사람이 되는 줄로 믿어 버리는 것이다.

013 ∽ 상극

둘 사이에 마음이 서로 맞지 않아 항상 충돌하는 것이 상극이라, 언뜻 보기에는 같은 처지에 있는 사람들끼리 화합이 잘될 것 같지만 실은 그 반대다. 첩이 첩 꼴을 더 못 보고, 성질 더러운 사람이 성질 더러운 사람 꼴을 더 못 본다. 엘리트가 엘리트를 싫어하고, 미인이 미인을 싫어하며, 잘난 사람이 잘난 사람을 무척 싫어하는 것도 같은 맥락이다.

014 ⌒⌒ 용서

용서하면서 살아야 한다. 몸뚱이의 상처는 약을 바름으로써 새살이 돋아나오고, 인간관계의 상처는 용서를 함으로써 새 정이 솟아나온다. 몸뚱이의 상처를 내버려두면 잡균이 파고들어가 곪아 터지듯이, 인간관계의 상처를 내버려두면 온갖 악이 파고들어가 원한이 더욱더 깊어진다.

015 ⌒⌒ 농담

쓸데없는 농담은 농담답지 않은 말이다. 우스갯소리를 정말 적절하고 재미있게 하는 사람은 유머러스함 덕분에 명성을 얻지만, 그렇지 못한 사람은 사람들의 손가락질만 받는다. 그렇기 때문에 농담을 할 때는 적절한 시기에 지나치지 않게 하고, 자제해야 할 때는 반드시 자제해야 한다.

016 ⌒⌒ 긴장

적당한 긴장을 꾸준히 유지해야 한다. 그것은 적정 온도를 꾸준히 유지시키는 것과 같이 몸에 유익한 것이다. 밤과 낮의 온도차가 너무 심하면 신체 기능에 장애가 생겨 감기에 걸리듯이, 건강과 해이의 정도 차가 너무 심하면 정신 기능에 장애가 생겨 스트레스가 쌓인다.

017 ∿ 놓기

하나를 얻으면 하나를 놓아야 한다. 공(公)을 얻으면 사(私)를 놓아주고, 애인을 얻으면 이성 친구를 놓아주고, 결혼을 하면 미혼의 자유를 놓아주어야 한다. 두 가지 술을 섞어서 마시면 뱃속이 요동을 치듯이 공과 사, 애인과 이성 친구, 기혼과 미혼을 혼동하면 삶이 요동을 친다.

018 ∿ 느낌

사람이 춥고 덥고를 느끼는 것은 온도 한 자리 차이이다. 적정 온도에서 5℃ 정도만 올라가면 덥다고 선풍기를 끌어안고, 5℃ 정도만 내려가면 춥다고 구들장을 짊어진다. 사람이 싫고 좋고를 느끼는 것은 말 한마디만 얹어 주면 좋다고 입이 함박만해지고, 싫은 말 한마디만 내질러 주면 싫다고 입이 서너 발이나 나온다.

019 ∿ 상대

청빈해서 가난하게 사는지 가난해서 청빈한 척 하고 사는지를 분명히 가려서 상대해야 한다. 가난해서 청빈한 척 사는 사람은 처지가 나아지면 절대 청빈한 삶을 살지 않는다. 침묵을 좋아해서 입을 다물고 있는지 불만이 많아서 입을 다물고 있는지를 분명히 가려서 상대해야 한다. 불만이 많아서 입을 다물고 있는 사람은 때가되면 반드시 침묵을 깨고 만다. 지금 하고 있는 일이 즐거워서 하고 있는지 어쩔 수 없어서 하고 있는지를 가려서 상대해야 한다. 어쩔 수 없어서 하고 있는 사람은 어쩔 수 없는 상황을 면하면 당장손을 놓게 된다.

020 ～～ 자세

부지런하고 꾸준하고 크게 욕심내지 않고 일하는 사람, 현실을 감사히 받아들이고 묵묵히 전진하는 사람, 그는 반드시 성공한다. 게으르고 자만하고 일확천금이나 노리는 사람, 허구한 날 핑계나 대고 불평불만을 늘어놓는 사람, 그는 반드시 실패한다.

021 ～～ 이름표

지금 어떤 이름표를 달고 다니는가? 이름표로 인한 이득이 눈앞에있다면 그것은 떼버리기가 힘들 것이다. 진짜 내 모습을 캐내기 위해서 자신의 이름표의 가치를 평가하고, 떼버릴 것은 떼버려라. 사람들은 자주 그들의 삶을 거꾸로 살기를 시도한다. 그들은 더 행복해지기 위해서 더 많은 것을 가지고, 더 많은 돈을 벌고, 그리고 그들이 원하는 것을 더 많이 하기를 시도한다. 하지만 실제로 택해야 할 방법은 그 반대이다. 우선 자신의 실제 모습을 찾아야 한다. 그런 다음에 내가 원하는 것을 갖기 위해 필요한 일을 해야 한다.

022 ∿ 최고

최고의 보약은 밥이요, 최고의 휴식은 수면이다. 최고의 음료수는 깨끗한 물이요, 최고의 소화제는 잘 씹어먹는 것이다. 최고의 향수는 냄새가 없는 것이요, 최고의 꿈은 꿈을 꾸지 않는 것이다. 최고의 소리는 육성이요, 최고의 지혜는 경험이다.

023 ∿ 타인

얼굴의 티는 거울을 봄으로써 발견해 낼 수 있고, 자신의 바르지 못한 행동은 타인들의 행동에 비추어 봄으로써 발견해 낼 수 있다. 따라서 타인들의 행동은 자신의 행동을 비추어 볼 수 있는 거울이고, 자신의 품행을 바로잡을 수 있는 기준이 된다.

024 ∿ 공부

공부가 좀 처진다고 해서 장래 인생까지 걱정할 필요는 없다. 젓가락질을 잘한다고 해서 밥까지 잘 먹는 것은 아니듯이 공부를 잘한다고 해서 인생까지 성공으로 장식하는 것은 아니다. 반에서 꼴찌를 하던 학생이 몇 년 뒤 어엿한 사장이 되어 동창회에 나타나는 일은 영화 속에서만 볼 수 있는 것이 아니라 현실 속에서도 부지기수로 일어난다.

025 〰️ 요리

나는 대하기 거북스러운 사람들을 친절로써 요리했다. 그랬더니 그들은 나에게 아무런 적대감도 보이지 않았다.

026 〰️ 건강

내가 얻어 놓은 재물을 지켜 주는 것은 고성능 경보 장치가 아니라 건강이다. 아무리 빈틈없이 경보 장치를 설치해 놓았다 하더라도 건강을 잃으면 재물은 하루아침에 날아간다. 내가 쌓아 놓은 공든 탑을 지켜 주는 것은 화려한 업적이 아니라 건강이다. 아무리 화려한 업적을 이루어 놓았다 하더라도 건강을 잃으면 공든 탑은 하루아침에 무너진다.

027 〰️ 생색

단 한 번의 생색보다 꾸준한 관심이 더 낫다. 1년 내내 무관심하다가 생일날 근사한 선물을 사 주는 것보다는 늘 지켜봐 주는 것이 더 큰 사랑이고, 평생 나 몰라라 하다가 회갑·고희 잔치 거창하게 차려 주는 것보다는 가까이서 마음 써 주고 보살펴 주는 것이 더 큰 효도다.

028 〜〜 도움

무턱대고 남의 도움을 기대해서는 안 된다. 남이 나를 도와줄 것이라고 기대하면서 시간이나 에너지를 허비하는 것은 대개의 실패자들이 즐겨 하는 행동이다. 자신에게 주어진 힘이 다소 모자란다고 하여도 내 스스로 하지 않으면 안 된다고 생각하게 되면, 또 남의 도움을 기대하지 않게 되면 어떻게든 돌파구를 찾게 되어 앞으로 나아갈 수 있다.

029 〜〜 정성

능력이 모자란다고 해서 정성까지 인색하게 굴어서는 안 된다. 능력이 모자라서 못하는 것은 어쩔 수 없지만 그렇다고 정성까지 들이지 않는 것은 최소한의 성의도 표시하지 않는 것이다. 사람들은 못하는 것은 용서해도 무성의한 태도는 용서하지 않는다.

030 〜〜 참회

한 번 참회의 눈물을 쏟았다고 해서 그가 정말로 정신을 차렸다고 속단하지 말라. 또한 전과 다른 행동을 며칠 동안 보였다고 해서 그가 정말 개과천선했다고 속단하지 말라. 그것은 장마 때 잠깐 햇볕 난 것을 보고 장마가 끝났다고 속단하는 것과 같은 어리석은 판단이다. 비뚤어지는 데 1년 걸렸다면 바르게 되는 데에도 최소 1년은 필요하다.

031 ～ 실망

사람들은 흔히 돈을 잃거나 물건을 도둑맞으면 크게 속상해 하고 실망을 하지만, 그보다 더 큰 실망은 사람으로 해서 온다. 믿었던 사람으로부터의 배신, 사랑하는 사람으로부터의 버림받음, 배우자의 외도, 자식의 불효와 같이 정말로 큰 실망은 가까운 사람으로 해서 겪는다.

032 ～ 분노

분노가 인격에 얼마나 치명적인고 하니 지뢰의 뇌관을 건드리는 것만큼이나 치명적이다. 지뢰가 터지면 몸뚱이가 상처를 입듯이 분노가 터지면 인격이 상처를 입고 만다. 배신이 인간관계에 얼마나 치명적인고 하니 교량을 폭파시키는 것만큼이나 치명적이다. 교량이 끊기면 인적(人的)·물적(物的) 교류가 완전히 차단되듯이 한 인간을 배신하면 그외의 모든 관계가 차단되고 만다.

033 ～ 비판

인생을 살다 보면 이웃이나 친지에게 비판을 해야 할 일이 있다. 비판은 내가 관계하는 주변 사람과 주변 상황을 원래의 자리로 복원시키는 기능을 하기 때문에 반드시 필요한 것이다. 하지만 사람이라면 누구나 칭찬과 찬사를 원하지 비판 받기를 원하지는 않는다. 어떤 사람을 비판할 때의 어려움은 바로 이 차이점에서 발생한다. 비판에는 옳은 방법과 그릇된 방법이 있고 어떻게 표현하느냐에 따라 그 결과가 판이하게 달라진다. 내가 경험하고 있는 소중한 것을 때로는 효과적인 비판을 위해 공개할 수도 있어야 한다. 어떤 논평은 상대방으로 하여금 바위 아래로 숨고 싶은 마음이 들게도 하고 그를 지극히 방어적이고 논쟁적으로 만들기도 한다. 언제 어디서 무엇을 어떻게 말하든 모든 것은 상대방이 나의 비판을 어떻게 받아들이냐에 달려 있다.

034 〰️ 완벽

허술하게 행동하는 사람보다 완벽하게 행동하는 사람을 더 경계하라. 적진에 투입하는 첩자는 적군의 복장을 갖춰 그 상황에 완벽하게 적응하듯이, 뒤로 중대한 음모를 꾸미고 있는 사람일수록 그 상황에 완벽하게 적응한다. 서로 친했던 관계에서보다 서먹서먹했던 관계에서 사내 커플이 나오고, 퇴근 시간이 들쭉날쭉했던 사람에서 보다 규칙적이었던 사람에게서 외도의 문제가 불거져 뒤통수를 치는 것처럼 대개의 음모는 완벽함 속에 도사리고 있다.

035 〰️ 친구

이럴 땐 다가가라. 친구가 어려움에 처해 있을 때, 친구가 슬픔에 잠겨 있을 때, 친구가 외로워 할 때, 친구에게 축하할 일이 생겼을 때. 이럴 땐 피해 줘라. 친구가 난처한 입장에 몰려 있을 때, 친구가 사랑을 나누고 있을 때, 친구의 지갑이 비었을 때, 친구가 일에 몰두하고 있을 때.

036 〰 인물

음식의 기본은 간을 맞추는 것이다. 너무 싱거워도 제맛이 나지 않고 너무 짜도 제맛이 나지 않는다. 인물의 기본은 살집을 맞추는 것이다. 너무 야위어도 제 인물이 나지 않고 너무 살쪄도 제 인물이 나지 않는다.

037 〰 외모

사람이 자신의 외모를 꾸미는 것은 아름다워지고 싶어서일 수도 있고 허영에 들떠서일 수도 있다. 사람이 자신의 외모를 꾸미지 않는 것은 소탈해서일 수도 있고 게을러서일 수도 있다. 이처럼 외모를 꾸미고 꾸미지 않는 데에는 두 가지 의도가 있음에도 불구하고 사람들은 한 가지 의도로만 생각을 한다. 꾸민 사람 모두는 허영에 들떠 있다거나 꾸미지 않은 사람 모두는 게으르다고 몰아붙이는 것이다.

038 〰 꿍꿍이

다른 사람들은 이해하지 못하는 자신만의 세계를 가진 사람이 훗날 가치 있는 인재로 성장을 한다. 그래서 소위 '천재'라고 불리는 사람은 시종일관 마음에 무엇인가를 감추고 자신만의 세계에 빠져 살고 있다. 그러나 애석하게도 대다수 사람들에게 천재라는 호칭은 낯설기만 하다. 사람들은 대부분 타인의 시선을 의식하고 그들의 기대치에 부응하고자 숨 가쁘게 달리기 때문에 자신도 모르게 언제나 경쟁 상태에 자신을 노출하고 있다. 경쟁 상태에서 상대방의 마음을 알고 싶다는 바람은 곧 그를 제압하고 싶다는 심리적 욕구를 의미한다. 결국 출세는 이러한 자신의 욕구를 얼마나 적절히 활용할 줄 아느냐에 달려 있다.

039 ∽ 감수

잘난 사람과 상대하려면 적어도 잘난 체하는 것은 감수하겠다는 자세를 가져야 한다. 인물 좋은 사람과 결혼하려면 적어도 잘생긴 체하는 것은 감수하겠다는 자세를 가져야 하고, 가진 사람과 친구하려면 적어도 가진 체하는 것은 감수하겠다는 자세를 가져야 한다. 사람(인격)에 따라 정도의 차이는 있어도 잘났으면 잘난 값을 하려 들고, 인물 좋으면 인물값을 하려 들고, 많이 가졌으면 가진 값을 하려 들기 때문에 그것을 감수하겠다는 마음가짐이 없으면 결코 좋은 관계로 나아갈 수 없다.

040 ∽ 선택

젊어서 진로 선택을 신중히 해야 한다. 선택이 10° 빗나가면 10년

후 인생은 100° 빗나간다. 젊어서 진로 선택을 잘못하면 그 결과는 나이 들어 고생으로 나타난다. 중년과 노년의 인생이 안정되지 못하고 흔들리는 것은 당시의 삶이 잘못되었다기보다 젊었을 때 잘못 선택한 결과가 그때 나타나고 있기 때문이다.

041 ∾ 질색

꼭 매를 들어야 할 일이라고 판단되었다면 과감하게 매를 내려놓아라. 꼭 꾸짖어야 할 일이라고 판단되었다면 꾹 참고 미소를 지어라. 그러면 그 효과는 두 배로 날 것이다. 도저히 용서되지 못할 일을 오히려 쉽게 용서해 줄 때처럼 가슴이 뜨끔거리고 양심이 찔리는 일은 없으니까.

042 ∾ 아예

중도에 포기할 일이라면 아예 시작하지 않음만 못하고, 끝장내지 못할 언쟁이라면 아예 다투지 않음만 못하고, 반드시 지켜 주지 못할 약속이라면 아예 약속하지 않음만 못하다. 시작을 했으면 끝장을 내고, 약속을 했으면 지켜야 한다.

043 ∾ 오늘

날짜에는 오늘도 있고 어제도 있고 그저께도 있다. 또 날짜에는 내일도 있고 모레도 있고 글피도 있다. 이 중에서 항상 문제가 되는 날은 '오늘'뿐이다. 오늘(현재)을 대충 살기 때문에 후회스러운 어제(과거)도 만들어지고 내일(미래)도 영 희망이 보이지 않게 되는 것이다.

044 ⌢ 매일

자신이 추구하는 것에 조심하라. 그렇지 않으면 자신의 라이프스타일에 좌지우지되어 산더미 같은 빚에 파묻히는 결과를 초래하고 말지도 모른다. 균형 잡힌 삶, 자신의 가장 중요한 가치들에 기초를 둔 삶을 사는 것이 훨씬 더 낫다. 이것이야말로 기쁨을 경험하고 매일매일의 삶에서 의미를 찾는 비결이다.

045 ⌢ 현자

옳은 것을 보고서 옳은 것이 무엇인지를 깨닫는 사람보다, 그른 것을 보고서 옳은 것이 무엇인지를 깨닫는 사람이 더 현명한 사람이다. 내 실수에서 교훈을 발견해 내는 사람보다 타인의 실수를 보고 내게 필요한 교훈을 발견해 내는 사람이 훨씬 더 현명한 사람이다.

046 ⌢ 순결

순결은 누구에게 바치느냐에 따라 영원히 간직할 수도 있고 단 한 번에 잃을 수도 있다. 영혼을 함께할 사람에게 바치면 보석처럼 영원히 간직할 수 있지만, 한순간 쾌락을 추구하는 탐욕꾼에게 바치면 일회용 기저귀처럼 한번에 잃어버리고 만다.

047 〰 마음

바른 마음과 바른 자세로 살아가라. 구부러진 자로는 반듯한 금을 그을 수 없고, 휘어진 못으로는 반듯하게 박을 수 없듯이, 삐딱한 태도로는 바른 행동을 할 수 없고, 비뚠 마음으로는 바른 삶을 살아갈 수 없다.

048 〰 후회

'아, 그때 시작했더라면 지금쯤은…' 하고 후회하고 있는가? 그렇다면 지금 당장 시작하라. 늦었다고 느낀 지금이 가장 빨리 시작할 수 있는 절호의 기회다. 오늘도 후회만 하는 것으로 지나쳐 버린다면 얼마 후에는 오늘 시작하지 않은 것을 뼈저리게 후회하게 된다.

049 〰 공평

출발점에서 동시에 출발해도 결승점에 도착해서 보면 등수가 정해진다. 하지만 달리는 능력(의지)에 따라 자연히 정해진 등수이니 그것을 불공평하다고 할 수는 없다. 한날한시에 태어나도 살아가다 보면 사는 형편에 차등이 생긴다. 하지만 살아가는 능력(의지)에 따라 자연히 생기는 차등이니 그것 역시 불공평하다고 할 수는 없다.

050 ～～ 조화

조화는 상호 간에 신뢰를 낳고 상대방과 심리적 교감을 갖도록 도와준다. 사람은 누구나 상대방에게서 자신과 유사한 부분을 발견했을 때 그와 더욱 적극적으로 관계를 맺고 싶어한다. 현재 사회에 존재하는 동호회나 서클 등은 이러한 사실을 극단적으로 증명하는 것이다. 관심을 함께하는 사람을 좋아하는 것과 마찬가지로 우리는 비슷한 행동이나 말을 하는 사람들을 좋아하고 그들을 매력적이라고 느낀다.

051 ～～ 유사점

자신과 정반대의 사람들에게 매력을 느낀다는 것은 사실이 아니다. 실제로 우리는 자신과 비슷하고 유사한 취미를 가진 사람들을 좋아한다. 우리는 자신과 상반되는 사람들에게 잠시 흥미를 느낄 수는 있지만 상호 간의 호감은 유사성과 공통점이 있는 사람에게 더 강해지는 법이다. 이런 법칙과 유사한 것이 '동병상련'의 원리이다. 근본적으로 변화무쌍한 삶을 살고 있는 우리들은 서로 간에 중요한 연대감을 형성하려는 경향이 있다.

052 ～～ 결점

위대한 사람이 저지르는 잘못은 마치 일식이나 월식과 같다. 즉, 보이지만 보이지 않는 것과 같다는 뜻이다. 위대한 사람들은 설사 자신이 결점을 갖고 있어도 그것을 있는 그대로 다 털어놓지 않는다. 그래서 사람들은 그가 완전무결하다고 생각하거나, 설사 그의 결점을 발견하더라도 대수롭지 않게 여긴다. 사회생활에서도 이 점을 명심하라. 결점에 현명하게 대처하는 사람은 반드시 출세의 길이 열릴 것이다. 그러나 사실 그럼에도 대부분의 사람들이 성공하지 못하는 이유는 실컷 배워놓고 돌아서면 잊어버리는 불치의 건망증 때문이다.

053 〰️ 다짐

교통사고를 당해 병상에 누워 있을 때는 '운전을 하지 않겠다'고 다짐하지만 병원 신세를 면하고 나면 또다시 운전대를 잡는다. 친구와 다투고 이를 갈 때는 '다시는 상대하지 않겠다'고 다짐하지만 며칠 지나면 또다시 술잔을 주고받는다. 실망만 안겨 주는 정치인을 볼 때마다 '다시는 뽑아주지 않겠다'고 다짐하지만 다음 선거 때가 되면 또다시 그를 찍는다. 일본 정치인들이 불쑥불쑥 내뱉는 망언에 분노할 때는 '일본 것은 사지도 말고 쓰지도 말아야'하고 다짐하지만 막상 물건을 살 때는 일본 상표를 찾는다. 이처럼 우리는 실천하지도 못할 다짐들을 아무 생각 없이 반복하며 살아간다.

054 〰️ 손해

자존심을 굽힐지언정 사랑을 잃어서는 안 되고, 무릎을 꿇을지언정 우정을 잃어서는 안 되며, 돈을 잃을지언정 신용을 잃어서는 안 된다. 그것들 때문에 사랑과 우정과 신용을 잃는 것은 엿이 먹고 싶다고 성한 고무신을 엿장수에게 벗어 주는 것과 같다.

055 〰 성공

성공의 가능성이 50%만 보이더라도 '할 수 있다'는 자신감을 가져라. 자신감을 가지고 덤벼들면 나머지 50%는 자신의 몸속에서 잠자고 있는 잠재력이 깨어나 성공으로 이끌어 준다. 세상의 모든 성공은 이렇게 해서 이루어진 것이다.

056 〰 경험

경험을 적극적으로 활용하라. 내 경험은 말할 것도 없거니와 타인들의 경험도 적극 활용해야 한다. 경험보다 더 생생한 삶의 지혜는 없고, 경험보다 더 훌륭한 인생의 스승은 없다. 큰 실수나 시행착오 없이 오늘을 무사히 보냈다면 분명 경험이 한몫했다.

057 〰 선택

탁월한 선택은 다음 두 가지 재능과 관련된다. 하나는 선택을 할수 있는 능력이고, 다른 하나는 수많은 가능성 중에서도 가장 적합한 하나를 가려낼 줄 아는 능력이다. 신중하면서도 재빠르게 판단할 줄 아는 사람이 바로 지혜로운 사람이다. 그런데 어이없는 일은 그렇게 지혜로운 사람들도 정작 결정적인 순간에는 그만 어이없는 선택을 한다는 사실이다. 마치 일을 그르치는 능력이 가장 우수한 것 마냥 항상 가장 나쁜 선택을 한다. 신이 인간에게 내려준 위대한 능력 중 하나는 바로 '선택의 기술'이다. 이 기술을 잘 활용하라.

058 〰 직업

당장 돈벌이가 좋다는 이유만으로 장래성도 없고 적성에도 맞지 않는 직업을 선택해서는 안 된다. 당장은 돈을 많이 벌지 몰라도 더 좋은 돈벌이를 찾아 끊임없이 직업을 바꾸고 직장을 옮겨 다녀야 하기 때문에 직업의 안정이나 삶의 안정에는 그다지 기여하지 못한다.

059 〰 직시

아무리 세상 물정을 모르는 사람이라도 현실을 직시할 줄 알아야 한다. 우리는 자기가 제일 잘났다고 여기는 사람들을 자주 만날 수 있는데 사실 그들 대부분은 별로 특별할 것이 없는 지극히 평범한 사람이다. 물론 굳이 잘난 척하는 사람이 아니더라도 우리가 일상에서 만나는 대부분의 사람들 역시 자기가 꽤 똑똑하며 앞으로 부자가 될 것이고, 머지않아 자신의 꿈도 이룰 수 있을 것이라고 자신한다. 하지만 현실이라는 녀석은 상당히 짓궂어서 항상 사람의 뜻대로 움직이지 않는다. 그래서 사람은 현실에 눈을 뜨는 과정에서 허세와 공상의 허구성을 인정하는 일종의 고통을 겪게 된다. 이상을 터무니없이 높은 곳에 두어서는 안 된다. 결과에 대한 기대치가 너무 높으면 그만큼의 결과를 얻기도 어렵거니와 실패했을 때의 좌절감도 크기 때문이다.

060 ∽ 적성

목소리가 좋은 사람이 시장통에서 '골라, 골라' 하고 외쳐서는 안 된다. 인물 좋은 사람이 탈바가지를 쓰고 탈춤을 추어서는 안 된다. 창의력 좋은 사람이 조직에 얽매여 질질 끌려 다녀서는 안 된다. 순발력 좋은 사람이 사무실에서 펜대를 굴려서는 안 된다. 나무의 생김새에 따라 그 쓰임새가 따로 정해지듯 사람은 적성(특징)에 따라 하는 일이 따로 정해져야 개인적으로나 국가적으로나 유익한 법이다.

061 ∽ 찌꺼기

벌은 꿀을 만들기 위해 꽃가루를 찾아다니고 독사는 독을 만들기 위해 먹잇감을 찾으러 다닌다. 각자 목적도 다르고 찾는 것도 다르다. 사람도 어떤 사람은 진짜 알맹이만 찾고 어떤 사람은 쓸데없는 찌꺼기만 찾는다. 목표가 높고 정확한 사람은 그만큼 좋은 것을 취하므로 인생도 덩달아 즐거워질 수밖에 없다. 세상 만물은 각자 나름대로 아름다움을 가지고 있지만 어떤 사람은 트집 잡기를 좋아해서 수십 수만 가지의 좋은 점을 두고도 굳이 결점을 찾아 부풀린다. 이런 사람들은 힘을 가진 사람과 지혜로운 사람들이 버린 쓰레기를 수집하여 그들의 흠과 결점을 찾아내서 결국 자기 자신의 손실만 가중시킨다. 그들은 절대 다른 사람의 장점을 볼 줄 모른다. 그렇기 때문에 그들의 삶은 항상 불행할 수밖에 없다. 이렇게 괴로움과 부족함 사이만 왔다 갔다 하는 삶은 결코 만족을 모른다. 반면, 긍정적이고 능동적인 사람은 수많은 결점 중에 아름다움을 찾아낼 줄 안다. 그리고 부단히 노력하여 단점을 장점으로 발전시킨다.

062 ～ 위선

더럽고 추잡한 얼굴을 감추기 위해 착한 척하지 말라. 그것이 오히려 있는 그대로를 보이는 것보다 더 구역질 나게 만든다. 나쁜 사람이라고 평가 받던 사람에게서 이중성이 드러날 때보다 착한 사람이라고 평가 받던 사람에게서 이중성이 드러날 때 사람들은 더 분노한다.

063 ～ 비몰

비인간적·비양심적·비도덕적·비신사적·비협조적·비상식적처럼 '비(非)'자가 붙은 행동이나 몰상식·몰인정·몰이해·몰지각·몰염치처럼 '몰(沒)'자가 붙은 행동은 하지 말아야 한다. 어떤 단어 앞에 '비'나 '몰'자가 붙은 행동은 인간의 선한 감정과 배치되는 것으로써 그와 같은 행동을 하게 되면 누구로부터도 환대를 받지 못한다.

064 〜〜〜 비리

비리는 한마디로 누이 좋고 매부 좋고의 전형이다. 뇌물을 받은 사람도 이익을 챙기지만 뇌물을 주는 사람 역시 그만한 이익을 챙긴다. 일방만이 이익을 챙기는 비리는 생겨날 수도 없고 성립될 수도 없다.

065 〜〜〜 총명

총명한 사람이 말하는 깔끔한 한 마디는 여러 사람이 내놓은 수많은 의견을 단번에 평정한다. 한 나라의 국왕 곁에는 국왕의 일거수일투족을 기록하는 신하가 있는데 그는 국왕이 죽고 나면 국왕을 평가하는 글을 남긴다. 그래서 국왕은 자신의 멋진 초상화를 그려주는 화가의 붓보다 언제나 자신을 객관적으로 기술하는 충직한 신하의 붓을 더욱 두려워한다. 총명한 사람의 객관적인 평가는 날카로운 칼보다 예리하며, 그의 칭찬은 나의 가치를 높여주는 훌륭한 촉매제이다.

066 〜〜〜 생각

상대방으로 하여금 나를 생각하게 만드는 방법은 바로 내가 그 상대를 어떻게 생각하느냐에 달려 있다. 먼저 상대방에 대한 호감을 숨김없이 표현해 보라. 그러면 상대방은 나를 다시 바라보게 된다. 자신을 좋아하는 사람에 대해서 끝까지 냉정함을 유지할 수 있는 사람은 아무도 없다. 그러므로 지속적으로 상대방에 대한 호감과 애정을 표현하면서 자신이 처한 상황을 이야기해야 한다. 그러면 상대는 서서히 마음의 문을 열고 나의 존재를 자신의 머릿속에 각인시키게 된다.

067 〰 지식

지식은 잘 받아들여야 한다. 똑같은 물이라도 젖소가 마시면 생명을 살리는 우유가 되고 독사가 마시면 생명을 죽이는 독(毒)이 되듯이, 똑같은 지식이라도 겸손한 사람이 받아들이면 세상을 이롭게 하는 지혜가 되고 오만한 사람이 받아들이면 세상을 어지럽히는 도구가 된다.

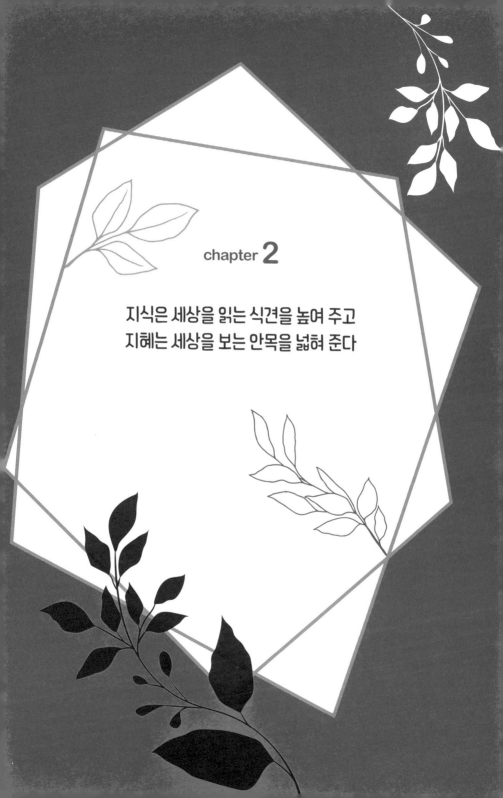

chapter **2**

지식은 세상을 읽는 식견을 높여 주고
지혜는 세상을 보는 안목을 넓혀 준다

나의 길을 밝혀 주고,
항상 인생을 즐거운 마음으로
맞이하도록 나에게
용기를 불어넣어 준 것은
친절과 미(美),
그리고 진리였다.

— 알베르트 아인슈타인

068 〰️ 재능

지혜로운 사람은 재능을 펼칠 때 한결같이 겸손한 자세를 취한다. 그리고 오히려 지나치게 자신을 뽐내고 과시하는 사람을 질타한다. 이렇게 훌륭한 재능과 겸손함을 지키면 다른 사람들의 시샘 어린 소문에 자신감을 상실하거나 흔들리지 않는다. 이런 사람이 자신의 재능을 실현시킬 가능성은 100%이다. 자신의 말과 행동을 기교 있게 포장하는 일 또한 재능을 실현시킬 수 있는 좋은 경로이다. 포장지에 싸여 있는 재능을 하나씩 꺼내어 천천히 보여주면 그만큼 좋은 기회도 많이 얻게 된다. 그리고 그 기회를 십분 활용하여 재능을 펼쳐 보인다면 사람들의 열렬한 박수 소리와 함께 성공을 향한 큰 발걸음을 한발 한발 내딛게 될 것이다.

069 〰️ 등용

사람을 쓸 때는 그의 현재와 미래를 다 같이 보아야 한다. 그리하여 현재도 있고 미래도 있는 사람은 반드시 취하여 중히 쓰고, 현재만 있거나 미래만 있는 사람은 가려서 쓰며, 현재도 없고 미래도 없는 사람은 절대 쓰지 말아야 한다.

070 〰️ 최고

가장 좋은 스승은 제자에게 자신이 가진 지식을 아낌없이 주는 사람이고, 가장 훌륭한 효자 효녀는 부모님의 마음을 상하지 않게 하는 사람이며, 가장 현명한 일꾼은 놀 때는 세상 모든 것을 잊고 놀며 일할 때는 오로지 일에만 전념하는 사람이다. 가장 좋은 인격은 자기 자신을 알고 겸손하게 처신하는 사람이고, 가장 부지런한 사람은 늘 일하는 사람이며, 가장 훌륭한 삶을 산 사람은 살아있을 때보다도 죽었을 때 이름이 더 빛나는 사람이다.

071 〰️ 현명

가장 현명한 사람은 늘 배우려고 노력하는 사람이고, 가장 훌륭한 정치가는 떠나야 할 때가 되었다고 생각되면 미련 없이 떠나는 사람이며, 가장 겸손한 사람은 개구리가 되어서도 올챙이 적 시절을 잊지 않는 사람이다.

072 〰️ 몫

가장 넉넉한 사람은 자기한테 주어진 몫에 대하여 불평불만이 없는 사람이고, 가장 강한 사람은 타오르는 욕망을 스스로 자제할 수 있는 사람이며, 가장 행복한 사람은 자신이 처한 현실에 대해 감사하는 사람이다.

073 〰️ 지혜

한 가지 일을 경험하면 한 가지 지혜를 얻어 놓아라. 경험 속에서 얻어진 지혜야말로 지혜 중에 으뜸이고, 그것은 앞으로의 삶에 두고두고 힌트를 주게 된다. 한 번 저지른 실수를 재차 저지르는 것은 먼젓번의 실수에서 지혜를 챙겨 놓지 않았기 때문이다.

074 〰 선의

가장 소중한 친구의 도움은 가장 필요한 때에 받아야 한다. 별로 급하지 않거나 중요하지도 않은 일 때문에 친구의 선의를 낭비하지 않도록 하라. 이것은 정말 위험한 순간을 위해서 총알을 장전하고 마지막 한 발을 남겨 두는 것과 같은 이치이다. 삶에서 진정으로 소중한 재산은 항상 나를 생각해주고 기꺼이 도움을 줄 마음이 있는 사람이 곁에 있다는 사실이다. 운명의 신조차도 내가 소유하고 있는 이 소중한 우정을 질투할 것이다.

075 〰 수양

살아가는 동안 꾸준히 수양을 쌓아가라. 물은 본래 투명하지만 수심이 깊어지면 푸른빛을 띠어 개울 바닥을 보이지 않게 하듯이, 수양은 본래 형체가 없지만 꾸준히 쌓으면 인격이 몸에 배어 본바탕을 드러나지 않게 된다. 수심이 얕으면 지저분한 개울 바닥이 훤히 드러나고, 수양이 부족하면 천한 본바탕이 적나라하게 드러난다.

076 〰 선악

'나는 착한 사람이다', '나는 악한 사람이다' 하고 스스로 말하는 사람은 어설프게 착하거나 어설프게 악한 사람이 틀림없다. 정말로 착한 일을 많이 한 사람은 자신이 착하다는 것을 알지 못하고, 정말로 악한 일을 많이 저지른 사람은 자신이 악하다는 것을 알지 못한다.

077 ∿ 수칙

풍족할 때는 부족할 때를 생각하여 절약하여야 하고, 건강할 때는 병이 들었을 때를 생각하여 매일매일 몸을 돌보아야 하며, 권력이 있을 때는 권좌에서 물러날 때를 생각하여 권세를 부리지 말고 겸손하게 행동하여야 한다.

078 ∿ 심리

백화점에서 몇십, 몇백만 원짜리 물건을 선뜻 사면서 시장에서 나물 한줌 살 때는 악착같이 깎는다. 술집에서 술값 봉사료는 팍팍 쓰면서 생활비와 자녀 용돈 줄 때는 꼬치꼬치 그 용처를 캐묻는다. 이런 이중 심리 때문에 낮은 데 있는 사람들이 서럽고 가족들이 고통 받는 것이다.

079 ∿ 만족

만족하며 사는 길은 두 가지가 있다. 욕심나는 것을 모두 얻는 것과 욕심을 작게 갖는 것. 이처럼 두 가지 방법이 있지만 아직까지 전자의 방법으로 만족스런 삶을 산 사람은 없었으니 실제로는 후자의 방법만이 우리가 만족하며 사는 유일의 방법인 셈이다.

080 ⌒⌒⌒ 원대함

사람들이 주목하는 성공이 나의 신념과 노력에 의한 것일 때 비로소 그것은 최고의 가치로 인정받을 수 있다. 즉, 내가 나의 원대한 꿈을 위해 치밀한 계획을 세우고 그 과정에서 모든 것을 쏟아냈다면 그 결과로 얻은 성과물은 영원한 가치를 지닐 수 있다. 위대한 가치란 자신의 신념과 모든 열정을 바치는 데 있다. 그러므로 훌륭한 사람은 노력한 만큼 크고 빛나는 보상을 얻는다.

081 ⌒⌒⌒ 출세

경쟁 상태에서 상대방의 마음을 알고 싶다는 바람은 곧 그를 제압하고 싶다는 심리적 욕구를 의미한다. 결국 출세는 이러한 자신의 욕구를 적절히 활용할 줄 아느냐에 달려 있다.

082 ⌒⌒⌒ 사과

사과를 하거나 잘못을 시인할 때는 간단명료하게 하라. 그랬을 때 상대는 그것을 진실로 받아들인다. 사과를 하면서 사족을 붙이면 상대는 마지못해 하는 사과로 받아들이고, 잘못을 시인하면서 그 이유를 덧붙이면 상대는 구차한 변명으로 받아들인다.

083 〰️ 용서

용서한 사람은 용서해 준 일을 잊어버려야 하고, 용서 받은 사람은 용서 받은 일을 잊어버리지 말아야 한다. 용서한 후에 용서해 준 일을 계속 마음에 담고 있는 것은 진실로 용서한 것이 아니고, 용서 받은 후에 용서 받은 일을 까맣게 잊어버리는 것은 진실로 용서 받은 것이 아니다.

084 〰️ 수면

아무리 시간이 모자라도 수면 시간만은 빼앗지 말라. 부득이하게 수면 시간을 빼앗았다면 반드시 이자를 붙여 수면을 취하도록 해 주어야 한다. 그렇지 않으면 육체는 시위(몸살)를 해서라도 빼앗긴 수면 시간을 도로 빼앗는다. 육체는 다른 시간은 양보해도 수면 시간만은 양보하지 않는다.

085 〰️ 정신

고통의 긴 터널을 헤쳐 나온 사람은 그 정신이 쉽게 흐트러지지 않는 법이다. 담금질을 거쳐 나온 연장이 그 날이 쉽게 물러지지 않듯이.

086 〰️ 부모

창고가 비어 굶주려도 자식만은 굶기지 않았다. 땔감이 없어 군불을 지필 수 없어도 자식만은 찬 데 재우지 않았다. 옷이 없어 해어진 옷을 입어도 자식만은 해어진 옷을 입히지 않았다. 집이 낡아 비가 새어도 자식만은 젖은 데 누이지 않았다. 이 세상의 모든 부모님들은.

087 〰️ 인간

너무 책잡지 마소서. 양심을 가지고 떳떳하게 살아야 한다는 것은 항상 명심하고 있지만 먹지 못하면 생명 부지 못하는 인간이기에 때로는 치사한 모습도 보이게 되는 것입니다. 착하고 바르게 살아야 한다는 것은 항상 기억하고 있지만 감정이 넘치면 있는 성질 없는 성질 다 기어 나오는 인간이기에 때로는 못 보일 행동도 보이게 되는 것입니다.

088 〰️ 배척

쓰면 뱉을 줄도 아는 사람이 되라. 쓴 데도 꾸역꾸역 먹고 있으면 상대는 그것이 맛있어서 먹는 줄로 알고 또 쓴 것을 던져 준다. 이치에 맞지 않으면 'NO'라고 할 줄도 아는 사람이 되라. 이치에 맞지 않는데도 잠자코 있으면 상대는 그것에 동조하는 줄로 알고 또 그 일을 청하게 된다. 도리에 어긋나면 내칠 줄도 아는 사람이 되라. 도리에 어긋나는데도 그냥저냥 받아들이면 상대는 그것을 옳은 도리로 알고 또 같은 행동을 보여 주게 된다.

089 ⌇⌇⌇ 경쟁

강자를 이기고 싶으면 강자로 보지 말아야 하고, 약자를 이기고 싶으면 약자로 보지 말아야 한다. 강자를 강자로 보면 그를 이길 수가 없고, 약자를 약자로 보면 그 또한 이길 수가 없다. 강자를 인정하면 대적하기도 전에 주눅이 들어서 제대로 싸워 보지도 못하고 패하게 되고, 약자를 약자로 얕잡아 보면 정신이 해이해져서 질질 끌려다니다가 패하게 된다.

090 ⌇⌇⌇ 미끼

상대가 먼저 비밀을 털어놓는다고 해서 자신도 털어놓아서는 안 되고, 상대가 먼저 옷을 벗는다고 해서 자신도 벗어젖혀서는 안 된다. 그것은 미끼다. 상대의 비밀을 캐고 싶을 때 미끼로 자기 비밀을 먼저 털어놓고, 상대의 알몸을 보고 싶을 때 미끼로 자기 알몸을 먼저 보여 준다.

091 ⌇⌇⌇ 방어

경쟁자를 만났을 때 나누는 몇 마디의 인사가 은밀한 이유는 안부를 묻는 말 속에 상대방을 견제하고 자신을 방어하는 다른 뜻이 숨어 있기 때문이다. 이런 은밀함을 요령껏 이용하면 좋은 결과를 얻을 수 있다. 일의 진행이 자신의 의도와 맞지 않는다고 해서 앞뒤 가리지 않고 자신의 질투와 욕망을 드러내면 자칫하다 자신의 지위와 명예까지 한순간에 잃어버릴 수 있다. 경솔한 방어는 자신의 모든 것을 철저히 망가뜨릴 수 있기 때문에 어느 정도 인지도를 얻은 사람은 타인의 비난과 악의를 두려워한다. 그러나 지혜로운 사람은 방어의 위험을 오히려 역이용하여 명성과 이익을 얻는다. 부메랑은 던지면 반드시 다시 되돌아온다. 그러므로 던져 놓고 마냥 느긋하게 있어서는 안 된다. 부메랑이 없을 때 미리 배워 두었다가 그것을 손에 넣었을 때는 능숙하게 다룰 수 있어야 한다. 공격하는 사람은 밝힐 수 없는 숨은 의도가 있겠지만 방어하는 사람은 순수하다. 이런 상황에서 두 사람이 부딪칠 때 무조건 의도를 가진 자가 이길 것이라고 단언하지 말라. 순수한 방어가 전세를 역전시킬 가능성도 있기 때문이다.

092 〜〜〜 사기

어설픈 인연을 경계토록 하라. 유혹꾼들이 노리는 제1순위는 바로 그런 인연이다. 잘 아는 인연은 서로 속을 훤히 알아서 등쳐먹기가 힘들고, 전혀 모르는 인연은 경계가 심해서 등쳐먹기가 힘들지만 어설픈 인연은 그런 걸림돌이 없기 때문에 아주 마음 놓고 달려든다.

093 〜〜〜 돌다리

나를 비판하는 사람보다 무조건 잘했다고 치켜세워 주는 사람을 주목하라. 칭찬하는 말의 진심은 무엇인지, 그가 자신을 속이는 바가 없는지 꼼꼼히 관찰해야 한다. 특히 겉과 속이 다른 위선적인 사람을 조심하라. 차근차근 그의 생각을 물어서 진심이 무엇인지 파악해야 한다.

094 ∼∽ 실속

음식점의 간판이 근사하다면 그것은 좋은 것이다. 그러나 그것보다 좋은 것은 음식의 맛이다. 간판이 근사하다면 누구나 한 번은 들어와 음식을 먹겠지만 그 손님들을 다시 찾아오도록 하는 것은 감칠맛 나는 음식이다. 음식이 맛있어야 두 번, 세 번 찾아오는 단골손님이 되는 것이다. 사람의 얼굴이 예쁘다면 그것은 좋은 것이다. 그러나 그것보다 좋은 것은 사람의 마음씨이다. 얼굴이 예쁘면 누구나 한 번은 호감은 가지고 다가오겠지만 그들을 다시 다가오도록 하는 것은 아름다운 마음씨이다. 마음씨가 예뻐야 두 번, 세 번 만나고 싶은 친구가 되는 것이다.

095 ∼∽ 빈부

부자의 반은 금수저를 입에 물고 부(富)를 물려받아 그것을 그대로 지켜서 되고, 나머지 반은 가난을 물려받은 후 피나게 노력을 해서 된다. 반대로 빈자(貧者)의 반은 가난을 물려받아 그것을 그대로 깔고 앉아서 되고, 나머지 반은 부를 물려받은 후 그것을 허무하게 무너뜨려서 된다.

096 〰 멍에

'난 엄마처럼 살지 않을 거야' 하면서도 엄마의 전철을 그대로 밟는다. '난 복잡하고 공기 나쁜 도시가 싫어' 하면서도 도시를 떠나지 못한다. '치사하고 아니꼬워서 당장 사표 내고 구멍가게나 해야지' 하면서도 직장을 그만두지 못한다. 이처럼 좋다고 좋은 대로 다 못하고, 싫다고 싫은 대로 다 못하고 사는 것이 우리들 삶의 평생 멍에다.

097 〰 사랑

사랑의 온도는 항상 100℃가 아니다. 열정을 얼마나 불태우냐에 따라 0~100℃를 오르내린다. 사랑의 순도는 항상 100%가 아니다. 순정을 얼마나 바치느냐에 따라 0~100%를 오르내린다. 사랑의 기쁨 지수는 항상 100이 아니다. 애정을 얼마나 쏟느냐에 따라 0~100을 오르내린다.

098 〰 교제

장점을 갖고 있는 동시에 결점도 갖고 있는 사람이 교제하기에 적당하다. 장점만 보이는 사람은 결점을 뒤로 감춘 위선자일 가능성이 높고, 결점만 보이는 사람은 장점이 별로 없는 불량자일 가능성이 높지만, 장점과 결점을 동시에 갖고 있는 사람은 적어도 평범한 사람은 되기 때문이다.

099 〰 헌신

헌신적인 사랑을 하지 못하는 사람처럼 불행한 사람도 없다. 왜냐하면 헌신적인 사랑을 하지 못하는 사람은 헌신적인 사랑도 받지 못하는 사람이기 때문이다. 헌신적인 사랑이란 한 사람에게 모든 것을 다 주어 다른 사람에게 줄 수 있는 사랑이 없을 때이다. 또 헌신적인 사랑이란 받을 생각을 하지 않고 사랑하는 것이며, 만약 사랑을 해 주고서 받기를 원한다면 그것은 헌신적인 사랑이 아니다.

100 〰 인연

인연을 끊을 때는 서서히 해야 한다. 상대가 의도적임을 눈치채지 못하도록 서서히 끊어야 그를 완전히 떼어낼 수 있다. 인연을 갑자기 끊어 배신감을 안겨주면 상대는 원한을 품거나 분개심을 품은 적으로 변하여 내 주위에서 계속 서성거리게 된다.

101 〰 선물

선물을 받을 때 공손한 예의를 지켜라. 그러면 사람들은 내게 줄 선물을 고를 때 좋은 것을 골라야겠다는 일종의 의무감을 느낄 것이다. 선물은 돈을 주고 새로 사는 물건보다 두 배의 가치가 있다. 첫 번째 가치는 물건 본래의 가격이고, 두 번째 가치는 마음을 전하는 선물로서의 가치이다. 그러나 불량배에게 공손한 예의는 상당히 거슬리는 잡음일 뿐이다. 왜냐하면 그들은 기본적으로 사람들 사이에 존재하는 미덕에 대한 인식이 부족하기 때문이다.

102 〰 비중

사랑할 때 겉모습에 비중을 두지 말라. 내면적인 면에 비중을 두어서 추구하는 것이 진정한 사랑의 밑거름이 된다. 그렇지 않고 사람의 겉모습에 의해서 사랑의 강도가 변하는 사람은 진정한 사랑을 하고 있다고 볼 수 없다.

103 〰 풍요

사랑을 아끼지 말라. 사랑은 쓰면 쓸수록 더 많이 생성되며, 반대로 아끼면 아낄수록 인색해진다. 멈출 줄 모르고 솟아나는 사랑을 많이 할 때 인생은 풍요롭고 행복해진다.

104 〰 인내

힘은 있으나 인내심이 없으면 몸이 다치기 쉽고, 권세는 있으나 덕이 없으면 명예를 다치기 쉽다. 학식은 있으나 겸손함이 없으면 인격을 다치기 쉽고, 돈은 있으나 인간성이 없으면 품위를 다치기 쉽다.

105 〰 중용

너무 과격하지도 말고 너무 무르지도 말라. 너무 과격해도 당하고 너무 물러도 당한다. 너무 과격하면 주먹에 당하고, 너무 무르면 속임수에 당한다.

106 ⟨⟨⟨⟨⟨ 책임

함께 가지고 했을 때 거부하지 않았다면 뒤에 가서 무슨 일이 생기더라도 책임 소재를 놓고 시비하지 말라. 깊은 관계로 빠져들 당시 거부하지 않았다면 뒤에 가서 사랑에 문제가 생기더라도 책임 소재를 놓고 시비하지 말라. 행위 당시에 거부하지 않았다면 자신도 그 일에 동의한 것이나 마찬가지다.

107 ⟨⟨⟨⟨⟨ 처세

지갑을 보고 소비 수준을 결정하고 처지를 보고 행동 수준을 결정하라. 지갑을 보고 소비 수준을 결정하면 과소비로 인한 경제적 고통을 면할 수 있고, 처지를 보고 행동 수준을 결정하면 경거망동으로 인한 처세적 비난을 면할 수 있다.

108 ⟨⟨⟨⟨⟨ 의도

일반적으로 포장한 물건이 비싼 것처럼, 사람도 자신을 드러낼 때는 어느 정도 값어치가 있어 보이도록 포장하는 것이 좋다. 자신을 확연하게 드러내는 사람은 분명 도태되기 마련이다. 이왕이면 다른 사람이 야심을 품고 노리는 대상이 되지 말라. 억누르기 힘든 욕망은 진실한 의도가 새어나가는 큰 문과 같다. 다른 사람이 그릇된 기준으로 나의 생각을 얕잡아본다 해도 절대로 쉽게 드러내서는 안 된다. 그 누가 어떤 방법을 취하든 그가 나의 진짜 의도를 발견하기는커녕 예견하지도 못하게 하라.

109 ～～ 곱하기 0

$(1+2+3+\cdots)\times 0 = 0$처럼 어떤 수에도 $\times 0$을 하면 무조건 0이 되듯이, (선행+선행+선행+$\cdots$)$\times$악행 = 악행이 되고, (친절+친절+친절+$\cdots\times$무례) = 무례가 된다. 그래서 백 번 선행을 쌓아 놓았어도 한 번 악행을 저지르면 비난이 사방에서 쏟아지고, 백 번 친절을 베풀었어도 한 번 무례하게 굴면 상대의 얼굴색이 변하는 것이다.

110 ～～ 위선

뭐가 가장 급한가? 먹고사는 일이다. 뭐가 가장 필요한가? 당장 쓰고 살아야 할 돈이다. 먹고사는 일은 그다지 중요하지 않다거나 돈은 있어도 그만 없어도 그만이라고 궤변을 늘어놓는 자는 분명히 위선자다.

111 ～～ 본성

아무리 점잖은 척해도 며칠 굶으면 아래위 분별 못하는 것은 마찬가지고, 아무리 지적인 척해도 싸울 때 밑바닥 성질 기어 나오는 것은 마찬가지고, 아무리 고상한 척해도 잠자리에서 행동이 그렇고 그런 것은 마찬가지다. 사람의 겉모양새는 다를지 몰라도 그 본성은 오십보백보인 것이다.

112 ∽ 차이

현명한 사람은 소를 잃기 전에 미리 외양간을 튼튼하게 고쳐 놓는다. 평범한 사람은 소를 잃은 후에야 외양간을 고치려고 부산을 떤다. 어리석은 사람은 소를 잃고 나서도 외양간을 고치지 않고 방치해 둔다. 현자(賢者)와 범자(凡者)와 우자(愚者)의 차이는 단지 이것이다.

113 ∽ 체벌

매를 든다고 해서 무조건 나쁜 것이 아니다. 매를 전혀 들지 않는다고 해서 무조건 좋은 것도 아니다. 진정으로 사랑하는 마음을 가지고 매를 들었다면 그것은 매를 들지 않은 것보다 낫고, 사랑하는 마음 없이 단지 꾸짖기 위해서만 매를 들었다면 그것은 매를 들지 않은 것만 못하다. 전자의 매는 훈계지만 후자의 매는 폭력이기 때문이다.

114 ∽ 간극

친구 간에는 어려운 일이 생겼을 때 피하지 말라. 그때 피하면 의리에 금이 간다. 형제간에는 집안에 일이 생겼을 때 피하지 말라. 그때 피하면 우애에 금이 간다. 부부간에는 잠자리를 원할 때 피하지 말라. 그때 피하면 애정에 금이 간다.

115 ⌇ 투자

하나 투자해서 하나를 건졌다면 그것은 '대가'다. 하나 투자해서 열을 건졌다면 그것은 '횡재'다. 하나 투자해서 백을 건졌다면 그것은 '행운'이다. 첫 번째가 성공할 확률은 50%, 두 번째가 성공할 확률은 1%, 세 번째가 성공할 확률은 0.000001%니, 첫 번째 방법에 인생을 거는 것은 마땅한 일이고, 두 번째 방법에 인생을 거는 것은 무모한 일이며, 세 번째 방법에 인생을 거는 것은 허망한 일이다.

116 ⌇ 일

어떤 직업은 대부분의 사람들이 양팔을 벌려 환영하지만 또 어떤 직업은 상당한 발전 가능성이 있는 일임에도 사람들의 주목을 끌지 못한다. 깊은 산중의 희귀한 열매가 상당한 가치를 지닌 진귀한 물건인데도 불구하고 그 가치를 제대로 인정받지 못하는 이유는 그것이 세상에 알려지기 어렵기 때문이다. 그러나 진정한 성공을 거둔 사람은 자기 일에 대한 사람들의 편견과 일의 본래 가치를 인정받지 못하는 서러움을 극복했다는 사실을 명심하라. 자기 일에 열정을 바치고 큰 희생을 감내한 사람이 결국에는 큰 성공을 거둔다. 사람들 앞에서 자기 일을 정확히 밝힐 수 있는 자신감을 가지고 그 분야에서 인정받는 사람으로 성장한다면 반드시 후세에 길이 남을 훌륭한 명성을 얻게 될 것이다.

117 ⌇ 성정

약한 사람은 약한 사람 앞에서 더욱 약해지고, 강한 사람은 강한 사람 앞에서 더욱 강해진다. 그러므로 약한 사람은 강직하게 대해야 그 성정이 망쳐지지 않고, 강한 사람은 부드럽게 대해야 그 성정이 망쳐지지 않는다.

118 ⌇ 혀

혀는 뼈가 없다. 그러나 뼈도 부러뜨릴 수 있다. 혀는 힘이 없다. 그러나 장사도 넘어뜨릴 수 있다. 혀는 발이 없다. 그러나 능히 천 리를 갈 수 있다. 혀는 날개가 없다. 그러나 온 천지를 날아다닐 수 있다. 혀는 연장이 아니다. 그러나 부수고 자르지 못하는 것이 없다.

119 ⌇ 질책

자녀를 나무람에 그 부모는 자녀의 됨됨이를 트집 잡아서 나무라지 말 것이며, 동생을 나무람에 그 형은 동생의 품행을 문제 삼아서 나무라지 말 것이다. 제자를 나무람에 그 스승은 제자의 실력을 흠잡아서 나무라지 말 것이며, 아랫사람을 나무람에 그 윗사람은 아랫사람의 책임을 따져서 나무라지 말 것이다. 그것들은 모두 자신으로 말미암아 연유된 것이니 그들을 나무람은 자신을 나무라는 것이 된다.

120 〰 인정

자신이 술에 취했다고 순순히 인정하는 자는 이미 취기에서 벗어난 자다. 술에 취하지 않았다고 극구 부인하는 자가 정말로 취기에 젖어 있는 자다. 자신이 어리석었다고 솔직히 인정하는 자는 이미 어리석음에서 벗어난 자다. 어리석지 않았다고 극구 부인하는 자가 아직도 어리석음에 빠져 있는 자다.

121 〰 억지

옳은 것을 옳다 하고 그른 것을 그르다 했는데 상대가 반발한다면 더 이상 상대하지 말라. 그는 지금 억지를 부리고 있으니, 상대해 주지 않는 것만이 그 억지를 스스로 철회하게 하는 방법이다.

122 〰 상충

부모와 의견이 상충되었을 때는 부모의 의견에 좀 더 비중을 두어 결정하라. 연장자와 의견이 상충되었을 때도 연장자의 의견에 좀 더 비중을 두어 결정하라. 연륜에서 배어나오는 안목과 경험을 무시할 수 없기 때문이다. 약자와 이익이 상충되었을 때는 약자에게 이익이 더 많이 돌아가게 하라. 나보다 못사는 사람과 이익이 상충되었을 때도 못사는 사람에게 이익이 더 많이 돌아가게 하라. 이익을 더 절실히 필요로 하는 사람은 그들이기 때문이다.

123 ⟨⟨⟨⟩⟩ 절약

돈을 버는 족족 다 써 버리는 것도 찬성할 일이 못 되지만, 그렇다고 최소한으로 쓰고 살아야 할 돈마저도 쓰지 않고 쌓아 두는 것도 찬성할 일이 못 된다. 절약은 미래를 위한 대비이지 희생이 아니기 때문이다. 돈이 없어 쩔쩔매는 사람이나 돈이 있으면서 돈 쓰는 것이 아까워 쩔쩔매는 사람이나 가엾기는 매일반이다.

124 ⟨⟨⟨⟩⟩ 인사치레

진심에서 우러나오는 사양은 온순하고 정직하다. 그러나 예의 바른 척, 순종하는 척하는 위선은 꼭 막판에 뒤통수를 친다. 지나친 정성을 표하는 것은 존경한다는 뜻이 아니라, 나의 힘을 등에 업고 더 좋은 기회를 잡아보겠다는 간사한 의도이다. 결국 아첨하는 사람은 타인의 인품을 존경하는 척하지만 사실은 그의 재물을 흠모할 뿐이다.

125 ⟨⟨⟨⟩⟩ 겸양

사람은 무릇 부끄러워할 줄 알아야 한다. 자기 모습에, 자기 행동에, 그리고 자기 말에 부끄러워할 줄 아는 것보다 더 좋은 예의는 없다. 부끄러움은 자기 모습에 나타날 수 있는 천함을 가려 주고, 자기 행동에 나타날 수 있는 경망을 가려 주며, 자기 말에 나타날 수 있는 허풍을 가려 준다.

126 〰️ 자신

자신을 위한 고요함을 찾아라. 회상과 명상을 위한 시간을 어느 정도 가져라. 목적을 찾는 일은 자신의 영혼을 갈구하는 일이다. 기도하라. 그리고 인도해 달라고 부탁하라. 모든 것에 집중하라. 자신의 직감과 믿음에 귀를 기울여라. 영혼은 이미 자신의 목적을 알고 있다. 그리고 그것을 완성하기를 원한다. 우연한 사건들에 주의를 기울여라. 내가 가장 열정을 보이는 일은 무엇인가? 나는 어떤 사람으로 기억되고 싶은가? 어떤 유산을 뒤에 남기고 싶은가? 나의 사고를 보다 분명히 하기 위해 자신의 찬미가를 쓰는 일을 한 번 생각해 보라.

127 〰️ 행동

좋은 일인 줄 모르고 좋은 일을 했다면 그것은 '희생'한 것이다. 좋은 일인 줄 알면서 좋은 일을 했다면 그것은 '봉사'한 것이다. 나쁜 일인 줄 모르고 나쁜 일을 했다면 그것은 '실수'한 것이다. 나쁜 일인 줄 알면서 나쁜 일을 했다면 그것은 '죄'를 지은 것이다.

128 〜〜 딴짓

평소에 거짓말이 없던 사람이 술술 거짓말을 하기 시작하면 주의 깊게 살펴보라. 거기에다 반항까지 한다면 먼저 집중하여 살펴보라. 그것은 분명 뒤로 딴 짓을 하고 있다는 증거이다. 떳떳하지 못한 일을 벌일 때 가장 먼저 보이는 반응은 거짓말이고, 그다음이 반항이기 때문이다.

129 〜〜 처신

좋은 일에 부르지 않았으면 나쁜 일에도 부르지 말라. 나쁜 일에 가지 않았으면 좋은 일에도 가지 말라.

130 〜〜 시선

상대방의 기분이 좋을 때가 한결 말을 건네기가 수월하다. 상대방의 기분을 파악하기 힘들 때는 일단 그의 얼굴을 찬찬히 관찰해 보라. 기분이 좋다면 얼굴 가득 미소를 띠고 눈을 크게 뜨며 나를 반길 것이다. 혹시라도 얼굴 전체가 아닌 입가에만 살짝 미소를 띤 얼굴로 나를 반긴다면 그 사람의 기분이 대체적으로 좋지 않다는 것을 표시하는 것이다. 기분 파악을 위해서는 눈을 마주치는 것만큼 확실한 지표는 없다. 우리는 기분이 좋을 때 상대방을 똑바로 응시하고, 기분이 나쁠 때는 말하고 있는 사람에게서 시선을 피하는 게 보통이다.

131 ⌇⌇ 침묵

진실을 폭로하는 일은 자신(혹은 그 사람)의 심장을 꺼내는 것과 같기 때문에 고도의 세심한 기술이 필요하다. 하지만 가장 훌륭한 기술은 진실을 폭로할 적당한 기회를 잡았을 때도 묵묵히 말하지 않는 것이다. 한순간 잘못 내뱉은 한 마디 때문에 그동안 성실하게 쌓아온 명성이 나락으로 떨어질 수도 있기 때문이다. 누군가의 무책임한 말로 인해 불이익을 당한 사람은, 그저 재수가 없었을 뿐이라고 스스로를 위안하며 넘어갈 수도 있다. 하지만 무책임한 말을 한 사람은 단순한 실수였다고 둘러댈 자격도 없거니와 그에 대한 막중한 책임도 짊어져야 한다. 그러므로 잘 모르는 일을 아는 척 떠들어대거나 설사 안다고 해도 함부로 말하면 안 된다. 침묵은 자신을 위하고 타인을 위하는 가장 좋은 방법이다.

132 ⌇⌇ 소문

악의적인 소문은 세 사람을 한꺼번에 죽일 수 있다. '소문을 내는 사람'과 '소문을 듣는 사람' 그리고 '소문의 주인공'이다. 그렇기에 좋은 소문에 대해서는 간이역 역할을 하고, 나쁜 소문에 대해서는 종착역 역할을 하라. 좋은 소문은 내 입을 거쳐 다른 사람들에게 퍼져 나가게 하고, 나쁜 소문은 듣는 즉시 내 가슴속에 묻어 다른 사람들에게 퍼져 나가지 않게 하라. 그리하면 소문으로 인해서 궁지에 몰리는 일은 없다.

133 〰 대비

다가오는 태풍을 막을 수는 없지만 철저히 대비하면 피해를 최소한으로 줄일 수는 있다. 흘러가는 시간을 막을 수는 없지만 최선을 다하면 후회를 최소한으로 줄일 수 있다. 늘어가는 주름살을 막을 수는 없지만 헛되이 살지 않으면 회한의 눈물을 최소한으로 줄일 수는 있다.

134 〰 도움

어떤 사람이 도움을 주고자 한다면 망설임 없이 받아들여라. 비교적 쉽고 효과적으로 감정을 바꿀 준비가 되어 있다는 것을 그에게 보여 주어라. 도움을 받는 행위는 그들의 호의적인 감정을 유발시킨다. 경우에 따라서는 상대방의 기분이 별로 좋지 않을 때 도움을 청해보는 것도 의외로 좋은 방법이 될 수 있다. 자기가 인정받는다는 생각에 그는 정말로 기분이 좋아져서 흔쾌히 부탁을 수락할 수 있다. 상대방이 나의 부탁을 들어주기를 원한다면 나의 행동을 상대방과 일치하여 행동할 때 훨씬 수월해질 수 있음을 잊지 말라.

135 〰 부탁

친한 사람에게 부탁하여 금전적 이익을 챙기는 일이 없도록 하라. 진실로 어려울 때 한두 번은 괜찮지만 우선 돈을 쉽게 벌고 보자는 욕심으로 시도 때도 없이 찾아가 필요하지도 않은 물건을 강매하는 것은 친분 사이를 깨고 자신을 불청객으로 만드는 위험한 행동이다.

136 ⌒ 은혜

은혜를 베푼 자가 보답을 바라는 것도 잘못된 일이지만 은혜를 받은 자가 보답을 하지 않는 것도 잘못된 일이다. 은혜를 베푼 자는 보답을 바라지 않고, 은혜를 받은 자는 그에 상응하는 보답을 할 때 둘 사이의 인간관계는 따뜻하고 아름다운 것이 된다.

137 ⌒ 욕심

세상의 모든 것은 끝이 없다. 생명도 끝이 있고, 길도 끝이 있고, 일도 끝이 있다. 또 학교도 끝(졸업)이 있고, 회사도 끝(퇴직)이 있고, 군복무도 끝(제대)이 있다. 그런데 유독 욕심만은 끝이 없다. 욕심과 친해지면 고통에서 헤어나지 못한 채 생을 마감해야 하는 것은 이 때문이다. 명심하라. 욕심은 우리들의 삶에서 수많은 고통을 부른다.

138 ⌒ 허사

남에게 욕을 하는 것보다 남으로부터 욕을 얻어먹지 않는 것이 더 중요하다. 남에게 욕을 바가지로 퍼부었다 하더라도 나 역시 남으로부터 욕을 바가지로 얻어먹었다면 공연히 내 인격에 흠집만 낸 꼴이 되고 만다. 상대에게 주먹을 날리는 것보다 상대로부터 주먹을 얻어맞지 않는 것이 더 중요하다. 상대에게 소나기 주먹을 날렸다 하더라도 나 역시 상대로부터 소나기 주먹을 얻어맞았다면 공연히 내 몸뚱이에 상처만 낸 꼴이 되고 만다.

139 〰 감미

날카로운 화살은 사람의 몸을 관통하고, 악독한 말은 사람의 마음을 꿰뚫으며, 달콤한 설탕 조각은 맺혔던 울분을 수그러들게 한다. 말로써 자기편을 만들기 위해서는 고도의 기술이 필요하다. 어려움에 처했을 때는 힘을 사용하는 것만이 결코 능사가 아니다. 몇 마디 듣기 좋은 말로도 충분히 어려움을 해결할 수 있다. 달콤한 벌꿀로 나의 입술을 적셔라. 사람들은 모두 온순하고 달콤한 것을 좋아한다.

140 〰 칭찬

모든 만물은 밤하늘의 달과 같다. 달이 차면 다시 기울 듯이 세상의 만물도 시간의 흐름에 따라 충만해졌다가 완벽한 경지에 이르면 차츰 쇠하기 마련이다. 만약 사람의 힘으로 할 수 있는 일이 만 가지에 이른다면, 그중 완벽함에 이를 수 있는 일은 단 하나에 불과하다. 그 한 가지는 바로 자기 스스로 선택하는 아름다움이다. 가장 완벽한 경지에 이르는 아름다움은 오로지 성품이 곧고 인성이 고운 사람만이 그 가치를 제대로 이해할 수 있다. 대부분의 사람들은 '칭찬'의 참뜻을 제대로 알지 못한다. 설사 안다고 할지라도 조금 아는 정도이지 정확하게 이해하는 것은 아니다. '칭찬'은 성숙한 아름다움의 완벽한 경지를 이해하고, 그 귀중함을 아는 사람을 위한 것이다.

141 ∾∿∾ 희소

'원조'·'특집'·'최고'와 같은 말은 가끔 사용해야 희소가치를 그대로 갖는다. 간판마다 원조, 원조 하고, 방송·지면마다 특집, 특집하고, 말머리마다 최고, 최고 하면 사람들은 그것에 면역이 되어 더 이상 그것이 특별하다거나 으뜸이라고 생각하지 않는다.

142 ∾∿∾ 권리

행복은 스스로 느끼는 사람만이 누릴 권리가 있다. 행복은 눈에 보이는 어떤 물체가 아니기 때문이다. 자신이 지금 행복한 상태임에도 불구하고 행복을 느끼지 못하는 사람이야말로 이 세상에서 가장 불행한 사람이다.

143 ∾∿∾ 친구

친구에게 화를 내야 할 일이 생기거든 면전에 대고 욕을 하라. 그래도 화가 가라앉지 않거든 주먹으로 한 대 쥐어박아라. 그것이 허물을 들춰 뒤로 모함하고 헐뜯고 다니는 것보다 훨씬 낫다. 코피가 터질 정도의 큰 싸움을 했더라도 야비한 행동만 하지 않으면 둘은 곧 화해하게 된다.

144 〰️ 베풂

넉넉히 가지고 있어야만 베풀 수 있다고 생각하거나 넉넉히 가지고 가면 그때 가서 베풀겠다고 다짐하는 사람은 절대 베풀지를 못한다. 그가 베풀지 못하는 것은 지금 적게 가지고 있어서가 아니라 베풀고자 하는 마음이 없기 때문이다. 진정으로 베풀고자 하는 마음을 가진 사람은 적으면 적은 대로 베풀어 주고 많으면 많은 대로 베풀어 준다. 나물국을 먹고 있으면 나물국을 덜어 주고 고깃국을 먹고 있으면 고깃국을 덜어 준다.

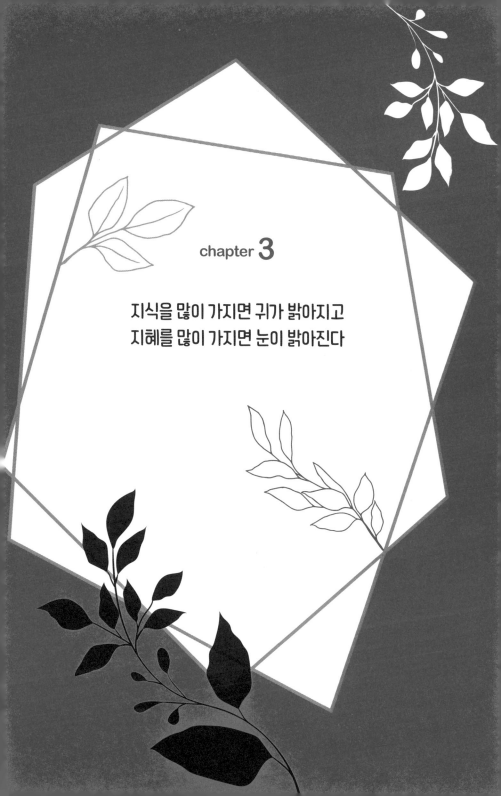

chapter **3**

지식을 많이 가지면 귀가 밝아지고
지혜를 많이 가지면 눈이 밝아진다

이 세상에서 제일 좋은 것은
배운다는 것이다.
돈이란 잃거나 도둑맞을 수가 있고,
건강과 정력은 약해질 수가 있다.
그러나 머릿속에 넣어 둔 것은
영원히 당신의 것이다.

— 루이 라무르

145 ⌇⌇ 존귀

살아 있음이 소중하기에 살아 있는 것들을 사랑해야 한다. 따뜻한 가슴이 있기에 따뜻한 가슴을 가진 사람들과 어울려 인연을 나누며 살아야 한다. 나를 소중히 해야 하고, 내 친구 내 이웃을 소중히 해야 한다.

146 ⌇⌇ 감사

살아 있는 모든 이에게 불평은 호강스런 소리다. 각자의 삶이 어떠하든 살아 있는 자체로써 우리 모두는 호강이고, 그것으로써 우리는 불평을 할 여유가 없다. 어제 죽은 이들이 그토록 살아 보고 싶어했던 오늘을 마음껏 살고 있는데 이보다 감사한 일이 어디에 있는가!

147 ⌇⌇ 심호흡

소심하고 유약한 사람들은 그렇지 않은 사람들에 비해 인간관계가 원만치 못한 것이 보통이다. 자신의 주관은 늘 다른 사람의 견해와 부딪쳐서 무시되고 그 결과 씻을 수 없는 상처를 받곤 한다. 이러한 악순환이 계속 이어지면 소심한 성격은 더욱 완고한 열등감으로 바뀌어 나타나게 된다. 기분과 감정 상태에 영향을 주는 가장 중요한 지배적인 요소는 미소와 심호흡이다. 미소는 내가 편안하다는 보편적인 증거이다. 여러 연구에 따르면 미소를 짓는 행위는 자신을 차분하고 느긋하게 만든다. 심호흡은 신경이 과민할 때는 숨쉬기가 일정치 않다. 규칙적으로 깊은 숨을 들이마시고 뱉어라. 그러면 즉시 차분해져서, 생각하고 반응하고 말하는 것이 훨씬 수월해지며 분명하고 자신 있게 된다.

148 ∿ 웃음

그 어떤 시련 속에서도 웃음을 잃지 말고 살아야 한다. 절망에 더 많이 근접해 있는 사람은 실패한 사람이 아니라 웃음을 잃은 사람이고, 죽음에 더 많이 근접해 있는 사람은 병에 걸린 사람이 아니라 역시 웃음을 잃은 사람이다. 웃음을 잃어버린 사람은 삶에서 더 잃을 것이 없다.

149 ∿ 지혜

중대한 실수를 저질렀다 하더라도 지혜를 하나 건졌다면 그것은 결코 헛된 것이 아니다. 똑같은 실수를 다시 저지르는 일은 없을 것이기 때문이다. 물질적 손해를 입었다 하더라도 지혜를 하나 건졌다면 그것 역시 손해 본 것이 아니다. 똑같은 손해를 다시 보는 일은 없을 것이기 때문이다.

150 ∿ 돈

돈은 벌기보다 쓰기를 잘해야 한다. 돈이 들어오는 구멍(수입)은 잘해야 두세 곳이지만, 돈이 나가는 구멍(지출)은 못해도 열 곳은 넘기 때문에 나가는 구멍을 제대로 틀어막지 않으면 밑 빠진 독에 물 붓기가 되고 만다.

151 〰️ 저축

내[川]는 장마 때 흘러갈 물의 양을 생각해서 충분히 넓혀 놓아야 하고, 돈은 뜻밖에 닥칠 재난을 생각해서 충분히 저축해 두어야 한다. 가물 때만 생각하여 내를 넓혀 놓지 않으면 장마때 전답이 유실되는 아픔을 겪어야 하고, 평온할 때만 생각하여 돈을 저축해 두지 않으면 재난이 닥쳤을 때 삶의 기반을 잃는 아픔을 겪어야 한다.

152 〰️ 확실

매를 들려거든 엄하게 들어라. 매를 드는 둥 마는 둥 하게 되면 오히려 성질만 사나워진다. 휴식을 취하려거든 화끈하게 취하라. 휴식을 취하는 둥 마는 둥 하게 되면 오히려 스트레스만 쌓인다. 사람을 믿으려거든 확고하게 믿어라. 사람을 믿는 둥 마는 둥 하게 되면 오히려 의심만 잔뜩 산다.

153 〰️ 이유

상대가 형편없고 한심하게 보이는 것은 상대가 정말 형편없고 한심해서일 수도 있고 자신이 형편없고 한심해서일 수도 있다. 형편없고 한심한 사람의 눈에는 자기 말고는 모두가 형편없고 한심하게 보이기 때문이다. 상대가 건방지고 재수 없게 보이는 것은 상대가 정말 건방지고 재수 없게 생겨서일 수도 있고, 자신이 건방지고 재수 없게 생겨서일 수도 있다. 건방지고 재수 없게 생겨먹은 사람의 눈에는 자기 말고는 모두가 건방지고 재수 없게 보이기 때문이다.

154 〰 사람

단점은 버리고 장점만 취한다면 세상에 쓸모없는 사람은 없다. 반대로 장점을 버리고 단점만 취한다면 세상에 쓸모있는 사람은 없다. 이처럼 사람은 장점을 취하느냐 단점을 취하느냐에 따라서 쓸모있는 사람이 되기도 하고 쓸모없는 사람이 되기도 한다.

155 〰 섹스

포르노그래피를 멀리하라. 세상에서 흉내 내지 말아야 하는 것은 섹스 행위다. 섹스의 핵심은 자연스러운 것인데, 그것을 흉내 내면 낼수록 사랑의 관계도 부자연스러워진다.

156 〰 심리

보지 말라고 하면 더 보고 싶은 청개구리 심리가 인간에게는 있다. 하지 말라고 하면 더 하고 싶은 반발 심리가 인간에게는 있다. 구멍을 하나 뚫어 놓고 내버려두면 아무도 들여다보지 않으나 그 옆에 '들여다보지 마시오'라고 써 붙여 놓으면 그냥 지나치려 하다가도 꼭 한 번 들여다보고 간다. 이래서 외설 시비가 붙은 연극과 영화에 더 많은 관객이 몰리고, 판매 금지된 책과 잡지가 더 많이 팔리는 기현상이 일어나는 것이다.

157 ⌇ 수명

제품의 평균 사용 수명이 10년이라고 해서 모든 제품을 10년 동안 쓸 수 있는 것은 아니다. 제품을 어떻게 취급하며 사용하느냐에 따라서 5년도 못 쓸 수 있고 15년을 넘게 쓸 수도 있다. 사람의 평균 수명이 80세라고 해서 모든 사람이 80년을 사는 것이 아니다. 몸뚱이를 어떻게 부리느냐에 따라서 40년도 못살 수 있고 100년을 넘게 살 수도 있다.

158 ⌇ 남녀

여자는 남자를 알려 하지 말고 남자는 여자를 알려 하지 말라. 남자는 그냥 남자로 이해하고 여자는 그냥 여자로 이해하라. 알려고 한다고 해서 알아지는 것도 아니지만 그것을 알려고 하는 순간부터 중대한 과오를 범하게 될 것이다. 세상에 떠도는 편견을 가지고 남자 전체 혹은 여자 전체를 판단하려는 실수를 저지르게 될 것이기 때문이다.

159 〰 과거

30대에는 20대가 좋았다고 그리워하고, 40대가 되면 30대가 좋았다고 그리워한다. 그러다가 50대가 되면 40대가 좋았다고 그리워하고, 60대가 되면 다시 50대가 좋았다고 그리워한다. 이처럼 '10년만, 10년만…' 하면서 노상 과거만 그리워하며 사는 것이 어리석은 자들의 일생이다.

160 〰 풍요

너무 이른 나이에 물질적 풍요에 빠져 살아서는 안 된다. 나이 40도 안 되어 인생이 개점휴업 상태(무위도식)에 빠지는 것은 대단히 큰 비극이다. 개점휴업 상태에 빠진 인생이 얼마나 가치가 없는가는 졸부와 그의 자식들이 벌이는 타락된 생활상을 보노라면 쉽게 이해할 수가 있다.

161 〰 눈치

눈치가 빠른 사람은 매 순간 상대방의 속마음을 체크한다. 사람은 말과 표정에 모든 것이 드러나기 때문에 무슨 생각을 가지고 있는지 헤아릴 수 있다. 그러므로 이런 기술이 부족한 사람은 지혜롭고 능력 있는 사람이라고 평가 받기 어렵다. 하지만 상대방의 진심을 꿰뚫어봤다해도 단도직입적으로 "사실 난 다 알고 있어!"라고 말하면 안 된다. 지혜로운 사람은 다 알고 있다해도 정말 필요한 순간에 정말 필요한 말만 한다. 말을 아끼는 이유는 자신의 기준으로 경솔하게 단정 짓는 오류를 피하고, 조금 더 자세히 그 사람을 이해하고 그 뜻을 헤아리기 위함이다. 그러므로 간단해 보이는 일이라고 너무 가볍게 여겨서는 안 된다. 마찬가지로 해가 될 것 같은 일은 그럴 가능성을 최대한 염두에 두고 대처해야지 '설마…'라는 안일한 태도를 가져서는 안 된다.

162 ∽∾ 잡

마음에는 잡념을 담지 말고, 입에는 잡담을 올리지 말라. 눈은 잡것을 보지 말고, 귀는 잡음을 듣지 말며, 손은 잡기에 빠지지 말고, 몸뚱이는 잡배와 어울리지 말라. 그리하면 평생토록 일신(一身)이 태평해진다.

163 ∽∾ 농담

어린아이와 연장자하고는 농담을 하지 말아야 한다. 어린아이는 농담을 진담으로 받아들여서 위험하고, 연장자는 농담을 불경(不敬)으로 받아들여서 위험하다. 농담은 그것을 농담으로 받아들일 줄 아는 사람에게만 유효하다.

164 ∽∾ 이해

한때 잘못을 저질렀다고 해서 그를 너무 미워하지 말라. 사람이 하는 일에 어떻게 약간의 과실도 없겠는가! 나와 의견이 상통하지 않는다고 해서 그를 멀리 두지 말라. 여럿이 뜻을 합치는 일에 어떻게 약간의 불협화음도 없겠는가! 부부간에 의가 성기어졌다고 해서 쉽게 부부 인연 끊지 말라. 평생을 해로하는 일에 어떻게 약간의 눈물도 없겠는가!

165 〰️ 미숙

진실로 주먹을 잘 쓰는 자는 함부로 싸움을 걸지 않는다. 꼭 서툴게 주먹을 쓰는 자가 싸움을 걸어 소란을 피운다. 진실로 많이 가진 자는 경솔하게 거만을 떨지 않는다. 꼭 어중간하게 가진 자가 있는 체를 하며 거만을 떤다. 진실로 많이 배운 자는 분별없이 시비를 논하지 않는다. 꼭 어설프게 배운 자가 아는 체를 하며 시비를 논한다.

166 〰️ 친근

특정한 사람과 너무 가깝게 지내거나, 누군가가 지나치게 나와 친한 척하게 내버려두면 안 된다. 지나친 친근함은 나의 우수함을 실추시키고 그로 인해 나의 명성도 영향을 받을 수 있다. 하늘의 별들이 한결같이 빛나는 이유는 사람들과의 지나친 마찰이 없기 때문이다. 신성한 것은 존엄함으로써 보호받지만, 너무 친근한 것은 자칫 그것이 업신여겨지는 결과를 초래한다. 사람들도 낯선 관계에서는 자신을 잘 포장하지만, 일단 친해지고 나면 자신도 모르게 결점을 드러내게 된다.

167 〰️ 독설

몸뚱이를 상하게 하는 것은 음식물에 묻어 들어오는 오염 물질이고, 마음을 상하게 하는 것은 언쟁 중에 섞여 들어오는 나쁜 말이다. 중금속, 환경호르몬 같은 유해성 물질은 한 번 몸속에 들어오면 평생 동안 배출되지 않고 몸뚱이를 상하게 하고, 욕지거리, 비아냥거림 같은 모욕적인 말은 한 번 가슴에 새겨지면 평생 동안 잊혀지지 않고 마음을 상하게 한다.

168 〰️ 분노

격분한 상태에서는 어떠한 말이나, 몸짓이나, 결정도 하지 말라. 자신은 화가 나서 어떤 행동을 할지 몰라도 남들은 그것을 알아주지 않는다. 오히려 남들은 이성을 잃은 상태에서 하는 행동을 본심이라고 믿어 버리기 때문에 그때 상처를 입어 놓으면 돌이키기가 힘들어진다.

169 〰️ 비난

먼저 비난하지 말라. 그리하면 나를 비난하는 무리는 없다. 내가 먼저 비난하지 않았는데도 비난하는 무리가 있다면 내게 그만한 허물이 있어서 그럴 것이다. 그들을 원망하고 비난하기에 앞서 나의 허물이 그들에게 상처되어 날아갔는지를 살펴라.

170 〰️ 싸움

부부 싸움이든 형제나 친구와의 싸움이든 절대 인신공격을 하지 말아야 한다. 육박전을 벌이더라도 인신공격만 하지 않으면 둘은 곧 화해할 수 있다. 그렇지만 입씨름만 하더라도 무차별하게 인신공격을 해대면 둘은 아주 오랫동안 결별해야 한다.

171 〰️ 주먹

주먹으로 세상을 살지 말라. 주먹의 힘이 대단한 것 같아 보여도 주먹이 지배할 수 있는 공간은 기껏해야 동네 뒷골목을 벗어나지 못한다.

172 〰️ 충고

방바닥을 닦기 위해서는 걸레도 깨끗이 빨아야 하지만 발도 깨끗이 씻어야 한다. 방바닥을 아무리 깨끗한 걸레로 닦아도 발이 지저분하면 닦으나마나 한 것이 되어 버린다. 마찬가지로 타인에게 충고하기 위해서는 충고도 옳아야 하지만 자기 행실이 먼저 떳떳해야 한다. 아무리 옳은 충고를 주더라도 자기 행실이 그르다면 충고하나마나 한 것이 되어 버린다.

173 〰️ 양심

양심에 반하지 않게 살아가도록 하라. 양심은 오판하는 일이 없다. 양심은 우리들로 하여금 비인간적인 것을 거부하고 인간답게 살아가게 하고, 위선을 버리고 진실되게 살아가게 하며, 부정을 멀리하고 깨끗하게 살아가게 하고, 비굴하지 않고 떳떳하게 살아가게 한다.

174 〰️ 예속

돈이 떨어졌을 때 가장 힘들어 하는 사람은 평소에 돈을 물 쓰듯이 쓰고 다녔던 사람이고, 정전이 되었을 때 가장 불편해 하는 사람은 전기기구를 많이 갖고 있는 사람이다. 또 외출할 때 옷 투정을 가장 많이 부리는 사람은 옷장에 옷을 가득 쌓아 놓고 사는 사람이고, 식사할 때 음식 투정을 가장 많이 부리는 사람은 늘 기름진 음식만 먹고 산 사람이다. 이처럼 어떤 것에의 예속은 그만큼 불평도 늘리는 결과를 낳는다.

175 〰️ 욕심

많이 가지면 그만큼 욕심이 줄어들 것이라고 생각하는 것은 어리석다. 욕심 냈던 것을 수중에 넣으면 더 이상 갖고 싶은 것이 없을 것이라고 생각하는 것 또한 어리석다. 고무신을 신다가 운동화를 신게 되면 만족해 할 것 같지만 막상 운동화를 신고 있으면 구두를 신겠다는 욕심이 고개를 쳐든다.

176 〰 복원

흙탕물을 맑게 하는 최선책은 기다리는 것이다. 더 이상 건드리지 않고 기다리면 부유물은 가라앉고 서서히 맑아진다. 틀어진 인간관계를 회복시키는 데에도 기다려 주는 것이 최선이다. 더 이상 자극하지 않고 기다리면 미움과 원망은 풀어지고 관계는 차츰 회복되어진다.

177 〰 무시

얻고 싶은 물건을 손에 넣을 수 있는 가장 좋은 방법은 그것을 거들떠보지 않는 척하면서 은근슬쩍 유인하는 것이다. 세상의 모든 소중한 것들은 정작 찾을 때는 보이지 않다가 생각하지도 못한 순간에 눈앞에 '떡!'하니 나타난다. 세상에 존재하는 만물은 결코 사람 마음대로 움직이지는 않는다. 내가 쫓아가면 멀리 도망가고 내가 도망치려고 하면 되레 죽어라 쫓아온다. 사람들이 한결같이 갈망하는 성공도 마찬가지다. 쉬울 것 같으면서도 결코 아무나 이룰 수 없는 것이 바로 성공이다. '무시하기'는 잡힐 듯하면서 안 잡히는 성공의 그림자를 효과적으로 거머쥐게 할 수 있는 은밀한 작전이다. '무시하기'는 포부가 작은 사람들에 대한 따끔한 처벌이다. 이 처벌은 그들을 도태와 현실 안주의 철장 안에 가둬 버린다. 그렇기 때문에 별로 내세울 것이 없는 사람일수록 자기가 나서서 세상 사람들에게 자신을 인식시켜야 한다. 또한 '무시하기'는 자신을 높이는 좋은 방법이기도 하다. 누군가가 나와 겨루고 싶어한다는 의미는 그가 나의 우월함을 인정한다는 뜻이다. 타인을 비난하고 상처 받는 사람은 비난 받는 사람이 아닌 비난하는 사람이라는 사실을 명심하라. 상대방을 다치게 하면 그 뒤에 남는 것은 땅바닥에 떨어진 자신의 명예뿐이다. 그러므로 누군가 나의 우월함을 해치려고 할지라도 결코 그를 비난하거나 다치게 하지 말고 모르는 척 무시하라. 아무리 뛰어넘겠다고한들 어차피 나의 숨겨진 역량은 헤아리지 못하고 있기 때문에 결국 내 앞에 무릎을 꿇을 것이기 때문이다.

178 ∿ 잘못

잘못을 저지른 후에 그것을 시인하느냐 시인하지 않느냐는 앞으로의 행동에 중대한 영향을 미친다. 자기 잘못을 명백하게 시인하는 사람은 다시는 그와 같은 잘못을 저지르지 않으나, 자기 잘못을 변명으로 일관하거나 남의 탓으로 돌리는 사람은 그와 같은 잘못을 계속해서 저지르게 된다. 그러니까 자기 잘못을 시인하지 않는다는 것은 앞으로도 그와 같은 잘못을 되풀이하겠다는 반항적인 태도가 되는 것이다.

179 ～～ 집착

그 집 딸이 시집을 잘 갔는지 못 갔는지를 알고 싶으면 그 친정 엄마의 입을 보면 된다. 사위 자랑이 끊이지 않는다면 딸이 시집을 잘 간 것이고, 사위 자랑이 일체 없다면 보통으로 시집간 것이고, 사위 흉을 본다면 그 집 딸이 시집을 잘못 간 것이다. 마찬가지로 그 집 며느리가 잘 들어왔는지 못 들어왔는지를 알고 싶으면 그 시어머니의 입을 보면 된다. 며느리 자랑이 끊이지 않는다면 며느리가 잘 들어온 것이고, 며느리 자랑이 일체 없다면 보통으로 들어온 것이고, 며느리 흉을 본다면 그 집 며느리는 잘못 들어온 것이다.

180 ～～ 태도

가진 것 없이 살 때는 고개를 들고 풍족하게 살 때는 고개를 숙여라. 없는 사람은 고개를 들어야 의젓해 보여서 좋고, 있는 사람은 고개를 숙여야 겸손해 보여서 좋다. 없는 사람이 고개를 숙이면 그 처량함이 청승맞고 있는 사람이 고개를 쳐들면 그 거만함이 구역질 난다.

181 ～～ 장점

백 가지의 장점은 한 가지의 단점에 의하여 빛을 잃고 백 가지의 장점은 한 가지의 단점에 의하여 헐뜯김을 면치 못한다. 그러므로 백 가지의 장점을 드러내려고 애쓰는 것보다 한 가지의 단점이 새어

나가지 못하도록 주의하는 것이 자신을 지키는 비결이다.

182 〰️ 마음

건강을 지키고 싶으면 마음을 잘 써라. 육체에 직접적인 영향을 끼치는 것은 마음이다. 마음먹기에 따라서 병이 생길 수도 있고 생겼던 병이 나을 수도 있다. 즐거움에 파묻힌 마음은 기(氣)로 변하여 육체에 건강을 주고, 근심 걱정에 휘말린 마음은 독(毒)으로 변하여 육체에 질병을 준다.

183 〰️ 체취

사람 냄새를 풍겨라. 내게도 눈물도 있고 인정도 있고 허술함도 있고 부족함도 있다는 것을 보여라. 그래야 사람들이 벗하자고 다가오고, 애인하자고 다가오고, 이웃하자고 다가온다.

184 〰️ 향유

잔뜩 벌어 놓고 난 다음에 누리겠다는 생각을 접고 벌어 가면서 형편대로 누리며 살라. 지금 누린다고 해서 행복이 줄어드는 것도 아니고, 지금 누리지 않고 미루어 둔다고 해서 행복이 늘어나는 것도 아니다. 이룰 것 다 이루어 놓고 먹고 살만해지면 여기저기 아픈 데 생기고 다리 힘 빠지는 것이 우리네 한 많은 인생이다.

185 ᘓᘓᘓ 적극

우리는 자신과 비슷한 사람을 좋아한다. 인생을 적극적이고 행복하게 전망하려는 사람을 좋아하고 칭찬한다. 왜 그럴까? 그것은 바로 우리 자신도 그러기를 원하기 때문이다. 다른 사람들이 바람직한 상황을 추구하는 것을 보면 우리는 그들을 더욱 좋아하고 그들을 본받고 싶어한다. 적극적인 인생관을 가지면 자신감이 생기고 누구나가 좋아하게 될 매력을 풍기는 대단한 사람으로 바뀌게 된다. 세상을 비관적으로 고통스럽게 바라보는 사람에게 일순간 끌리는 감정은 지속적인 호감이 아니라 단지 동정 때문이다. 그 사실을 명백히 알아야 한다.

186 ᘓᘓᘓ 우월

자신을 남보다 돋보이게 하는 데는 대개 두 가지 방법이 동원된다. 하나는 남보다 더 나은 실력(능력)을 길러서 돋보이게 하는 것이고, 다른 하나는 남을 깔아뭉갬으로써 돋보이게 하는 것이다. 안타깝게도 많은 사람들이 첫 번째 방법보다 두 번째 방법에 더 애착을 보이고 있다.

187 ᘓᘓᘓ 트집

트집 잡히지 않고는 배길 수 없는 세상이다. 웃지 않으면 '왜 그렇게 무디냐'고 트집 잡으면서 잘 웃으면 '왜 그렇게 헤프냐'고 트집 잡고, 울지 않으면 '피도 눈물도 없다'고 트집 잡으면서 잘 울면 '울보'라고 트집 잡고, 씀씀이가 헤프면 '좀 아껴라'하고 트집 잡으면서 짜게 굴면 '좀 쓰면서 살아라' 하고 트집을 잡는다. 또 털털하게 굴면 '지저분하다'고 트집 잡으면서 깔끔하게 굴면 '복 달아난다'고 트집 잡고, 인정 없이 굴면 '너는 정이 너무 없는 게 탈이야' 하고 트집을 잡는다. 조금만 치우쳐도 생트집을 잡아대니, 이래서 사랑받는 사람 되기가 무척 힘든 것이다.

188 ∿ 질서

질서는 내 이익을 양보하고 희생함으로써 지켜낼 수 있다. 이기심을 잔뜩 품은 채 형식적으로 줄만 서 있는 사람은 질서를 지키고 있는 것이 아니라 잠시 남의 이목을 피하고 있는 것일 뿐이며, 따라서 그런 사람은 남의 이목만 벗어나면 질서는커녕 최소한의 도덕마저도 저버린다.

189 ∿ 사고

오늘 무사했으니까 당연히 내일도 무사할 것이라고 생각하지 말라. 사고는 오늘과 함께 죽지 않는다. 오늘 사고가 일어나지 않았다고 해서 그 사고도 오늘과 함께 사라지는 것은 아니다. 오늘 찾아들지 않은 사고는 내일 찾아들기 위해서 호시탐탐 노리고 있다.

190 〰 차별

여자이기 때문에 혹은 남자이기 때문에 차별 받고 있다는 생각을 버려라. 남자이기 때문에 특권을 누리고 있는 것도 있지만 남자이기 때문에 차별(고통) 받는 것도 있고, 여자이기 때문에 차별(고통) 받는 것도 있지만 여자이기 때문에 특권을 누리고 있는 것도 있어서, 결국 남녀는 똑같다.

191 〰 결혼

진실과 진실이 만나면 말할 것도 없이 백년해로한다. 위선과 위선이 만나면 좀 시끄럽기는 해도 그럭저럭 살아간다. 하지만 진실과 위선이 만나면 절대 살지 못한다. 진실과 위선은 물과 기름 같아서 서로 겉돌며 불화만 계속된다.

192 〰 자녀

자녀에게 좋은 것은 관심은 많이 용돈은 적게, 대화는 많이 잔소리는 적게 하는 것이다. 반대로 자녀에게 나쁜 것은 용돈은 많이 관심은 적게, 잔소리는 많이 대화는 적게 하는 것이다.

193 〰 악순환

악연의 고리를 끊기 위해서는 선을 베풀어야 하고, 원한의 고리를 끊기 위해서는 은혜를 베풀어야 한다. 악을 악으로 갚으면 다시 악이 생겨나고, 원한을 원한으로 갚으면 다시 원한을 사게 되니, 결국 이러한 악순환은 두 사람 모두에게 피해를 주게 된다.

194 〰 비밀

주위를 둘러보라. 비밀을 다른 사람과 공유한 뒤 나쁜 결과를 얻는 사람이 얼마나 많은가. 비밀은 다른 사람과 나누는 순간 탕 속에 넣자마자 흐물흐물해져 버리는 식빵으로 만든 숟가락이 되고 만다. 다른 사람의 비밀을 아는 것은 특권이 아니라 일종의 책임임에도 사람들은 비밀을 너무 쉽게 생각하는 경향이 있다. 비밀을 공유하는 일은 자신의 좋은 기회를 남에게 거저 넘겨주는 것과 다름없다. 게다가 세상에서 가장 위험한 일은 친구 사이에 서로의 비밀을 털어놓는 일이다. 자신의 비밀을 다른 사람에게 말하는 순간 그 사람의 노예가 된다.

195 〰 문화

좋은 영화나 연극, 좋은 책이나 강연회, 미술전람회 같은 고급 문화를 많이 접하여 정신적 빈곤 상태를 극복토록 하라. 정신적 빈곤 상태를 먼저 극복하지 않고서는 삶의 질도 향상시킬 수 없고 인간다운 삶도 기대할 수 없다. 인간은 배만 부르면 행복해지는 돼지와는 분명 다르기 때문이다.

196 〰️ 꼼꼼

'급할수록 돌아가라'는 말이 있다. 아무리 조급하고 분초를 다투는 일이라도 서두르지 말고 항상 심사숙고해야 한다는 뜻이다. 어리석은 사람이 성공하지 못하는 가장 큰 원인은 판단이 신중하지 못하기 때문이다. 지혜로운 사람은 일을 맡을 때 항상 사전에 충분히 알아보고 계획한다. 이것은 지혜로운 사람의 필수 자격 요건이기도 하다. 특히 불확실하고 의심할 여지가 있는 일에 대해서는 더욱더 신중하고 자세하게 따져봄으로써 현실에 입각한 현명한 결론을 끌어내야 한다.

197 〰️ 판단

어떤 잘못이 발각되었을 때 그것이 그의 실수였는지 고의였는지 알고 싶으면 한 번만 모른 척 묻어 두고 지켜보라. 그가 똑같은 잘못을 또다시 저지른다면 그것은 고의임에 틀림없으니 용서하지 말고, 똑같은 잘못을 더 이상 저지르지 않는다면 전에 잘못은 실수였으니 문제 삼지 말고 덮어 두라.

198 〰️ 소문

소문은 무섭고 빠른 것이다. 소문은 한 사람의 인생을 늘 위협한다. 판단과 평가에 민감한 인간 사회에서 소문은 한 사람의 성패를 좌우할 수 있는 힘을 가지고 있다. 잘못된 소문은 때때로 한 사람에게 치명적인 독이 될 수도 있다. 그렇다면 험담이나 소문을 멈추게 하는 전략에는 무엇이 있을까? 첫째, 소문을 책임질 수 있는 근원지나 사람에게 가서 확인하라. 그리고 누가 장본인이고 그른 일을 시작했다는 것을 안다고 알려라. 둘째, 소문을 퍼뜨린 사람에게 친절할 필요가 있다. 그리고 소문의 배후에 다른 조정자가 있고 그가 더 나쁘다는 식으로 말하라. 셋째, 할 수만 있다면 본인이 적극적으로 개입하라. 실제로 접근하게 되면 소극적으로 방어하는 것보다 훨씬 쉽게 일을 해결할 수 있다.

199 걱정

걱정은 에너지를 잡아먹는 흡혈귀다. 걱정은 우리의 사고 과정에 너무 많이 들어와 있어서 심지어 우리는 걱정하고 있다는 사실조차 알아채지 못한다. 걱정은 어둡고 우울한 생각을 부추긴다. 걱정을 하면서 우리는 혼란스런 생각들과 일어나길 바라지 않는 것들을 떠올리면서 스스로를 고문한다. 이런 식으로 안달하는 것은 사고와 행복의 느낌을 오염시킨다. 이것은 어떤 행동도 취하지 못할 정도로 심하게 우리를 마비시킨다. 걱정은 상상력의 오용이다. 이것은 아직 일어나지도 않은 부정적인 어떤 일을 미래 속으로 계획해 넣는다. 그리고 이런 경우 95퍼센트 정도는 결코 이런 일이 발생하지 않는다.

200 〰 거절

도움을 줄 수 없는 상황일 때는 결정을 망설이거나 생각해 보겠다고 말하지 말라. 처음에 부탁 받았을 때 할 수 있는 가장 현명한 것은 '그렇죠! 도와드리는 것이 좋죠'라고 성의있게 말하는 일이다. 내가 그 일을 해낼 수 있으면 좋겠지만 그렇지 못하더라도 상대방은 내가 처음에 열정적으로 도와주려고 노력했다는 것을 알 수 있게 된다. 내가 그 일을 할 수 없는 이유는 부탁을 들어주고 싶지 않아서가 아니고 더 이상 할 수 없기 때문인 것을 상대방이 이해하는 것이다. 상대방이 부탁하면 즉시 '문제 없어요'라고 대답해 보라. 호의를 보일 수 없게 되더라도 핑계를 대는 것처럼 보이지는 않을 것이다.

201 〰 지갑

돈은 지갑이 도톰해질 만큼만 벌어라. 지갑이 너무 얇아도 지갑이 너무 두툼해도 인생에 고통을 주는 것은 마찬가지다. 너무 얇은 지갑은 인생을 비참하게 만들고 너무 두툼한 지갑은 인생을 고달프게 만든다.

202 〰 신중

신중함은 속임수에 넘어가지 않기 위한 훌륭한 무기이다. 더욱이 세심하고 주도면밀한 상대를 만났다면 더욱 각별히 조심해야 한다. 교활한 사람이 늘어놓는 칭찬의 이면에는 상대를 잘 구워삶아서 큰 건수를 올리려는 악랄한 의도가 숨어 있다. 그러므로 먼저 조심하지 않으면 이용당할 수 있다.

203 〰 잔

사고에 가장 위험한 사람은 잔사고를 몇 번 당했던 사람이 아니라 무사고 중인 사람이다. 잔사고를 당했던 사람은 놀란 가슴에 미리미리 대비를 하지만, 사고를 한 번도 당해 보지 않은 사람은 지나치게 안도하다가 치명적인 사고를 당하고 만다. 건강에 가장 위험한 사람은 잔병을 몇 번 앓았던 사람이 아니라 무병(無病) 중인 사람이다. 잔병을 앓았던 사람은 그 고통을 알아 미리미리 몸을 보살피지만, 병을 한 번도 앓아 보지 않은 사람은 건강을 과신하다가 어느 날 갑자기 큰 병에 걸려 드러눕고 만다.

204 〰 유리인간

대인관계에서 자신을 '유리인간'으로 만들지 말라. 이것은 친구와의 우정에서도 마찬가지이다. 너무 연약해서 깨지기 쉬운 유리인간은 작은 자극에도 지나치게 예민하게 반응하기 때문에 언제나 불평불만으로 가득하다. 그래서 다른 사람의 기분까지도 덩달아 언짢게 만드는 나쁜 재주를 가지고 있다. 유리인간은 가벼운 농담이든 진지한 대화이든 상관없이 언제나 민감하게 반응하기 때문에 사람들이 항상 일정한 거리를 유지하게 만든다. 뿐만 아니라 아주 사소한 일로도 큰 상처를 입기 때문에 사람들은 감히 그를 믿고 중요한 일을 맡기지 못한다. 이처럼 유리인간은 그와 교류하는 사람을 피곤하게 만든다. 나약함 때문에 항상 긴장하고 자신의 사소한 실수가 그를 분노하게 할까 봐 언제나 노심초사하기 때문이다. 즉, 유리인간은 항상 사람들한테서 뚝 떨어져 있으므로 온전한 대인관계를 맺지 못한다. 그렇기 때문에 언제나 이기적으로 행동하고, 알량한 자존심을 맹목적으로 숭배하는 자기 자신의 주인이자 노예이다.

205 〰 만족도

행복은 욕심의 정지에서부터 출발한다. 자신이 처한 현실에 대하여 만족을 느끼지 못하고 계속해서 욕심을 부리게 되면 행복은 점점 달아나 버린다. 불만족한 상태에서는 행복이란 단어조차도 찾아볼 수가 없고, 행복은 욕심을 억제하고 만족한 순간부터 찾아들기 때문이다. 그러므로 많든 적든, 편안하건 고통스럽건, 또 기쁘건 슬프건 간에 만족하여야 비로소 행복이 찾아들게 된다.

206 〰 습관

자녀에게 예쁘게 살아가는 모습을 보여 주어야 한다. 음식을 한 가지 먹어도 예쁜 그릇에 정갈하게 차려서 먹고, 차 한잔을 마셔도 고운 찻잔에 격식을 갖추어서 마셔야 한다. 귀찮다는 핑계로 바가지에다 과일을 담아서 먹고, 식구들끼리라고 밥그릇에다 커피를 타서 마시면, 그것은 그대로 자녀에게 옮겨져 바꿀 수 없는 습관이 되어 버린다.

207 〜〜〜 겉치레

다이아몬드가 발견하기 힘든 곳에 숨겨져 있는 것처럼, 내재된 것은 외관보다 훨씬 더 가치가 있다. 어떤 사람은 쓸데없이 좋은 표정만 가지고 있어서 빛 좋은 개살구나 수리 대금이 부족해 대문만 고쳐 놓은 집과 같다. 그런 집은 들어가는 입구만 화려할 뿐 실내는 엉망진창이다. 집주인은 마음 편하게 쉴 수 있는 공간이라고 말하겠지만 그 집을 방문한 손님들의 심사는 어떨까? 일단 집 안에 들어가면서 '하하 호호' 웃으며 인사치레로 듣기 좋은 말 몇 마디를 건넬 것이다. 그러나 그것도 잠시 뿐, 손님들은 이내 수련장에 들어온 사람들처럼 정숙해진다는 사실을 명심하라. 매사를 건성으로 대처하는 사람은 외관에 쉽게 속아 넘어가지만 눈치가 빠른 사람은 그렇게 호락호락하지 않다. 눈치가 빠른 사람은 상대방의 말과 행동이 진실인지 가짜인지를 어렵지 않게 판단할 수 있기 때문에 그 겉모습을 보고 금세 속 빈 강정이라는 사실을 눈치 챌 것이다.

208 〜〜〜 활동

몸뚱이를 바쁘게 움직이든지 정신 활동을 활발하게 하든지 둘 중에 어느 하나는 바쁘게 하라. 그래야 인생이 지루하지 않고 샛길로 새지도 않는다. 둘 다 한가하도록 놔두면 몸뚱이는 방바닥에 달라붙고 정신은 쾌락을 향해서 줄달음친다. 할 일도 없고 근심 걱정도 없을 때 사람들은 꼭 요상한 궁리를 하고 요상한 행동을 하기 시작한다.

209 ∿ 친구

한 명이라도 좋으니 속마음을 나눌 수 있는 진실한 친구를 사귀어라. 내가 좋은 상황에 처해 있을 때는 옷깃을 스친 친구도 찾아와주지만 내가 어려운 상황에 처해 있을 때는 진실한 친구만이 찾아준다. 지금 당장 달려가서 진솔한 대화를 나눌 수 없는 친구는 도처에 널려 있어도 소용이 없다.

210 ∿ 표정

표정 관리를 잘하라. 한 번의 표정이 열 마디를 대신할 수도 있고, 열 마디를 한 번의 표정이 무위로 돌려놓을 수도 있다. 특히 말이 오가지 않을 때 표정 관리에 신경써야 한다. 그때는 표정이 말을 대신하기 때문에 표정 관리에 실패하면 말을 실수한 것과 같은 낭패를 보게 된다.

211 〰 호응

상대가 나를 예뻐해 준다면 '너도 나를 예뻐해 달라'는 뜻으로 알아듣고 얼른 상대에게 호응하라. 그래야 그 귀염을 계속해서 받을 수 있다. 상대가 나를 깍듯이 대해 준다면 '너도 나를 깍듯이 대해 달라'는 뜻으로 새겨듣고 얼른 상대에게 깍듯이 대하도록 하라. 그래야 그 극진한 대접을 계속 받을 수 있다.

212 〰 최선

무심코 버린 하루하루가 100년 인생을 망치는 근본이 되니 하루하루 삶에 최선을 다해야 한다. 앞에서 내다보면 100년 인생 같지만 뒤에서 돌아다보면 한 순간인 것이 인생이기 때문에, 이루어 놓은 것 없고 베풀어 놓은 것 없으면 인생은 온통 후회와 한으로 얼룩진다.

213 〰 매진

어느 한 분야에서 성공을 거두었으면 그 일을 계속 밀고 나가도록 하라. 확신도 없이 이 일 저 일에 손을 대면 처음의 성공까지 말아먹게 된다.

214 〰 뜻

어떤 가치를 위하여 열성을 다해 노력하며, 높은 뜻을 세우고 그 뜻이 하나하나 성취되어 갈 때 바로 그것이 인생의 보람이며 행복이다. 그리고 행복은 저 멀리 있는 것이 아니라 언제나 우리와 더불어 살고 있다. 즉 우리의 마음을 진실하고 참되게 가꿀 때 얻어지는 것이다.

215 〰 물

꼭 기억하라! 물 아닌 다른 액체를 섭취할 때마다 사람의 몸은 재빨리 그것을 몸 안에 저장하고 있던 물로 희석하고자 반응한다. 그러므로 하루라도 많은 양의 물을 섭취하지 않으면 물 부족 현상을 가져오게 된다. 따라서 물 이외의 음료를 마실 때마다 한두 잔의 물을 중화 작용의 차원에서 마시도록 해야 한다. 이 해결책은 만성 탈수 증세를 가지고 있는 수백만의 사람들을 도와줄 수 있다. 건강을 추구하는 사람에게 물은 삶을 확 바꿔 주는 역할을 한다.

216 〰 그림자

우리들은 자신의 그림자에 대하여 전혀 신경을 쓰지 않는다. 그런데도 그림자는 끈질기게 우리를 졸졸 따라다닌다. 이 그림자가 바로 행복이다. 우리들은 이 그림자가 행복이라는 사실을 모른 체, 즉 행복은 늘 우리를 따라다니는데 그것을 보지 못한 체 살아가고 있다.

217 〰️ 인정

지금 불행하다고 생각하는가? 그렇다면 지금 당장 '나는 행복하다'고 인정을 하라. 그러면 자신이 스스로 행복한 존재임을 느낄 수 있을 것이다. 자신이 행복하지 못한 것은 자신의 처지가 진정으로 행복하지 못해서가 아니라, 자신의 처지를 행복하다고 인정해 주지 않기 때문이다.

218 〰️ 틈

만족을 모르는 사람처럼 가련한 사람도 없다. 만족은 곧 행복이기 때문에 만족을 모르고 산다는 것은 결국, 행복을 느끼지 못하고 산다는 것과 마찬가지기 때문이다. 만족을 모르고 욕심으로 똘똘 뭉쳐진 마음에는 행복이 파고들어갈 틈이 없다. 행복이 들어갈 틈을 주기 위해서도 만족을 해야 한다.

219 〰️ 인생

'빈손으로 왔다가 빈손으로 가는 것'이 인생이라는 것은 모든 사람들이 잘 알고 있건만 빈손으로 살아가는 사람을 찾아보기는 힘들다. '단 한 번밖에 살 수 없는 소중한 인생'이라는 것은 모든 사람들이 알고 있건만 의미 있게 살아가는 사람을 찾아보기는 힘들다. 이것이 우리 인생의 맹점이다.

When you want to be wise

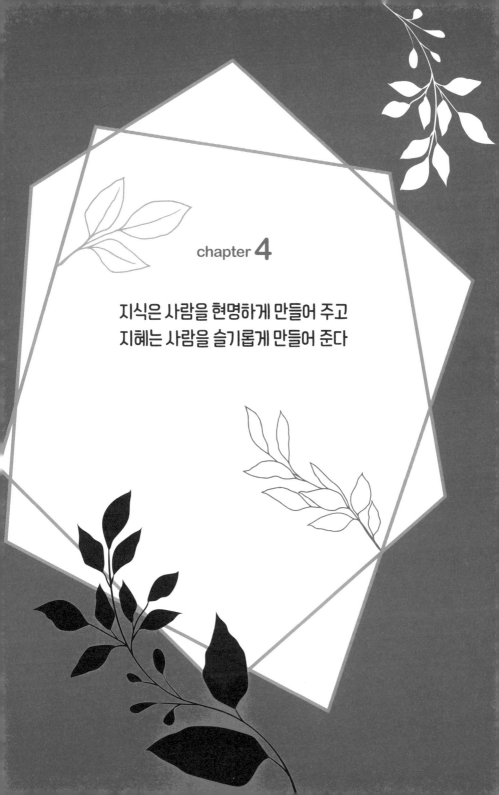

chapter 4

지식은 사람을 현명하게 만들어 주고
지혜는 사람을 슬기롭게 만들어 준다

사람은 누구나 자기가 생각하는 바를
표현할 권리가 있다.
물론 가끔
미치광이 같은 소리를
하는 사람도 있을 수 있다.
그러나 미치광이 같은 소리를 듣고도
그것을 분간할 줄 모른다면
똑같이 미치광이로 취급될 수밖에 없다.

─ 해리 S.트루먼

220 〰️ 생명

건전한 생활 태도를 가져야 한다. 생명은 질병과 사고에 의해서보다도 잘못된 생활 태도에 의해서 더 많이 수난 당한다. 과로, 과음, 스트레스, 약물 남용, 마약, 탈선, 폭력, 정신 질환 등과 같이 생활 태도를 잘못 가짐으로써 우리는 스스로 망가져 간다. 질병 또한 이 같은 것들이 쌓이고 쌓여서 생기는 것이니 잘못된 생활 태도야말로 생명의 최대 적인 셈이다.

221 〰️ 깨달음

깨달음이란 무엇인가? 그것은 우리 몸 안에서 숙면에 빠져 있는 의식을 깨우는 일이다. 그리고 그것은 아무나 할 수 있는 일이다. 깊은 산속에 가서 도를 닦을 필요도 없고, 깨닫기 위해서 억지로 자세를 갖출 필요도 없다. 그저 일상생활을 하면서 문득문득 닥쳐오는 일에 대하여 우리의 의식을 발동하면 되는 일이다.

222 〰️ 실천

깨달음은 실천함으로써 의미를 지닌다. 깨달은 바를 얼마나 실천하느냐에 따라서 유익한 깨달음이 될 수도 있고 무익한 깨달음이 될 수도 있다. 수십 수백 번을 깨달아도 그것을 실천하지 않으면 인생에는 아무런 변화도 일어나지 않지만, 단 한 번을 깨달아도 그것을 곧바로 실천하면 인생에는 엄청난 변화가 일어난다.

223 〰 평등

작은 일을 하고 있다 하여 작게 보아서는 안 되고, 미천한 일을 하고 있다 하여 미천하게 보아서는 안 된다. 한 목숨 받아 사는 것이 똑같고 평등하거늘 어찌 귀함과 미천이 있고 잘남과 못남이 있으랴. 인간 세계에서의 차이란 오직 능력과 가치관뿐인 것을.

224 〰 포용

악(惡)은 되받아치지 말고 감싸야 한다. 미움 또한 되받아치지 말고 감싸야 한다. 선(善)이 악을 포용하지 않으면 악이 판치는 세상이 되어 결국에는 악과 더불어 살아가야 하고, 사랑이 미움을 포용하지 않으면 미움이 가득한 세상이 되어 결국에는 미움과 더불어 살아가야 한다.

225 〰 중용

중용(中庸)은 삶의 지표로 선택할 수 있는 최고의 도리이다. 한쪽으로 치우치지 않고 균형을 지키는 미덕이야말로 이상향을 향한 곧고 탄탄한 길이다. 이 길 위에 서기를 원한다면 나를 존중하는 사람들에게 진심과 겸손으로 대하라.

226 〰 상처

주먹으로 상처를 입힐망정 말로 해서 상처를 입혀서는 안 된다. 주먹으로 입힌 상처는 길어도 일 년을 넘기지 못하고 아물어지지만 말로 해서 입힌 상처는 죽는 날까지 아물어지지 않는다. 주먹은 몸뚱이에 상처를 남기지만, 말(잔인한 말)은 영혼에 상처를 남겨 놓기 때문이다.

227 ∽ 잠자리

미혼자는 부모 곁을 떠나서 잠자리를 가지지 말고, 기혼자는 배우자 곁을 떠나서 잠자리를 가지지 말아야 한다. 미혼자는 부모 곁을 떠나면서 잠자리가 문란해지기 시작하고, 기혼자는 배우자 곁을 떠나면서 잠자리가 문란해지기 시작한다.

228 ∽ 요물

가산(家産)을 송두리째 파괴시키는 '화투', 인격을 처절하게 흠집 내는 '간음', 사람을 폐인으로 만들어 놓는 '마약', 살아가면서 이 세 가지 요물만 슬기롭게 피하면 삶이 급격하게 기울어지거나 몰락하는 일은 생기지 않는다.

229 ∽ 화

남녀관계에서는 너무 많은 진실을 이야기하는 것을 삼가라. 남자 입장에서는 쉽게 이해되는 일도 여자 입장에서는 도저히 이해되지 않고, 여자 입장에서는 별일 아닌데도 남자 입장에서는 심각한 일

이 되어 다투는 것처럼, 남녀는 외모의 차이만큼이나 이해 면에서
도 차이를 나타내기 때문에 너무 많은 진실이 엉뚱한 화를 불러들
일 수가 있다.

230 ∽ 세상

세상은 끊임없이 문젯거리를 만들어 놓지만 그 해답 또한 주고 있
다. 세상에서 일어나는 모든 문제의 해결 방법은 세상 속에 고스란
히 담겨 있다.

231 ∽ 일상

지금 내가 하고 있는 행동 중에서 어느 것 하나 가치 없거나 소중하
지 않은 것은 없다. 작은 모래와 자갈이 엉겨서 수십 층의 건물이
만들어지듯이 지금 내가 하고 있는 작은 행동들이 모이고 모여서
내 인생이 만들어진다. 무심코 하는 행동조차도 내 인생을 차곡차
곡 메워 가고 있다.

232 ∽ 체크

지혜로운 사람은 일을 처리할 때 신중하고 조심스럽다. 일을 할 때
마다 예방책을 미리 마련해 두고 신중하게 생각한 후에 확실하고
안전한 방법으로 일을 처리한다. 가끔 행운의 여신이 어리석은 사
람에게 특별한 기회를 안겨 줄 때도 있지만 어리석은 사람은 이런

기회조차도 전혀 눈치 채지 못하고 그냥 지나쳐버리기 일쑤이다. 지혜로운 사람은 강을 건널 때도 무턱대고 건너지 않고, 먼저 조금만 들어가 보고 그 깊이를 체크한다. 그래야 확실하게 알 수 있기 때문이다. 특히 현대사회의 대인관계에는 함정이 많다. 그러므로 더욱 꼼꼼한 사전 조사를 통해 정확하게 체크한 뒤 행동해야 한다.

233 〰 환경

밥을 못 먹는 것하고 반찬이 부실한 것하고는 별로 관계가 없다. 인생을 잘못 사는 것하고 환경이 나쁜 것하고도 별로 관계가 없다. 밥을 먹는데 있어 반찬보다 중요한 것은 입맛이고, 인생을 사는데 있어 환경보다 중요한 것은 의지이기 때문이다. 반찬이 부실하면 입맛으로 먹으면 되고, 환경이 나쁘면 의지로써 극복해내면 그만인 것이다.

234 〰 눈

서로 눈을 마주 보는 것은 매우 신비한 현상을 불러온다. 눈을 마주 바라보게 되면 실제로 그 사람과 사랑에 빠지게 되기 때문이다. 하지만 눈을 마주 보는 것은 생각만큼 쉽지가 않다. 두 남녀가 2분 정도 상대방의 눈을 마주 바라보라. 상대방의 눈을 단 몇 분간만 바라보아도 두 사람 사이에 열렬한 감정이 생길 것이다. 대화 중에 상대방의 눈을 바라보는 것은 상대에 대한 최고의 존경과 사랑을 내비쳐 보이는 것이다. 대화할 때 상대의 눈을 들여다보는 습관을 가져라.

235 〰 순환

벌어 놓은 돈 요리조리 굴려 이자 뜯어먹으며 살지 말고 돈을 벌고 쓰고 하는 과정을 반복하면서 살아야 한다. 새 물이 계속해서 들어와야 물통의 물이 신선하게 유지되듯이 새로 버는 돈이 계속해서 들어와야 삶이 신선해진다. 새로 버는 돈 없이 벌어 놓은 돈만 굴리며 살게 되면 정신은 타락하게 되고 몸뚱이는 나태해져 삶이 고리타분해진다. 다달이 돈이 들어오는 샐러리맨들의 삶이 산뜻한 데 반해 뭉칫돈 파먹고 사는 졸부들의 삶이 이상야릇한 것은 이와 무관하지 않다.

236 〰 불변

세상은 나를 보낸 슬픔은 표시하지 않는다. 내가 죽어도 세상은 변하는 것이 없다. 개나리, 진달래도 그대로 피고, 미니스커트와 청바지도 오랜 지기처럼 거리를 누빈다. 내 죽음을 애도했던 사람들의 식탁마저도 며칠 후에는 진수성찬이 차려진다.

237 〰 동일

오늘은 빈둥거리면서 '내일 최선을 다하겠다'고 말하는 사람은 신뢰하지 말라. 여기서는 대충대충 하면서 '다른 곳으로 보내 주면 잘 하겠다'고 말하는 사람 역시 신뢰하지 말라. 오늘 그렇고 그런 사람은 내일도 그렇고 그렇고, 여기서 그렇고 그런 사람은 다른 곳에 가도 그렇고 그렇다.

238 〰 이용

상대가 나를 이용해 먹고 있다는 것을 간파했더라도 크게 손해 보는 일이 아니라면 모른 척 넘어가 줘라. 이용 당하는 줄 모르고 이용 당하면 내가 바보가 되지만 이용 당하는 줄 알고서 이용 당해 주면 상대가 바보가 된다.

239 〰 비판

비판을 할 때는 그 대상이 그 사람 혼자가 아니라는 것을 말하라. 그러면 대단히 효과적이다. 그가 무엇을 했고 무엇을 하지 않았는가를 직접적으로 전달하는 것은 그의 자아가 받는 충격을 부풀리는 격이다. 다른 그룹과 엮어서 두루뭉술하게 비판하라. 그러면 비판을 받는 상대방 또한 심리적으로 안정을 찾을 수 있다. 우리는 개인에 관한 비판을 심리적으로 두려워하기 때문이다.

240 〰 도전

자신에게 친절하라. 삶은 완벽해지자는 것이 아니다. 사랑하고 감사하고 자신을 있는 그대로 받아들여라. 모든 잘못된 정보들과 스트레스를 많이 주는 속임수들에서 벗어나 독립적으로 사고하는 사람이 되라. 나의 건강을 책임지고 미래의 안녕에 항상 주의를 기울여라. 변화를 바라는 것과 변화가 일어나게 만드는 것은 똑같지 않다. 자신이 진정으로 필요한 일을 하라.

241 ~~~ 에너지

자신에게 내가 완벽주의자의 모습으로 돌아가고 있다는 사실을 끊임없이 상기시켜라. 나에게 에너지를 주고, 나의 자신감에 박차를 더해줄 것이다. 좀 더 많은 시간을 자신이 가장 잘 하는 것, 특히 일터에서 가장 잘 하는 일에 초점을 맞추는 데 사용하라. 그리하면 더 많은 에너지를 얻게 될 것이고, 타고난 재주를 끊임없이 갈고 닦으면서 자신을 위한 더 많은 기회들을 창조하게 될 것이다.

242 ~~~ 정보

어떤 사안에 대해 상대방에게 재고해 줄 것을 요구하기 전에 부가적인 정보를 제공하라. 자신의 생각이 모호해지길 원하는 사람은 아무도 없다. 상대방에게 동의를 구하기 전에 어느 정도의 필요한 데이터를 제공하라. 그렇지 않으면 그가 잊어버릴 만한 것을 생각나게 하라. 이런 과정에서 그는 단순한 마음의 변화가 아니라 부가적인 정보를 바탕으로 새로운 결정을 내릴 수 있다.

243 〰️ 상상력

많은 사람들이 모인 장소에서 자주 드러내는 것은 자신의 명성에 해가 될 수 있다. 반대로 드러내지 않고 신비로움을 유지하면 명성은 오히려 빛을 더하게 된다. 사람들이 불사조를 신의 새라고 추종하는 이유는 그의 형상이 없기 때문이다. 사람이 눈으로 보는 것은 사물의 껍데기에 불과하기 때문에 그 진가를 제대로 평가할 수 없지만, 신비로움을 근거한 인간의 상상력은 시력보다 더 많은 것을 보게 해준다.

244 〰️ 반성

하루에 한 번 나를 보는 시간을 가져라. 나는 나를 가장 잘 볼 것 같지만 내 눈의 사각지대는 의외로 나 자신이다. 우리 눈은 외부 세계를 보는 데는 탁월하면서도 자신을 보는 데는 소경과 다름없어서, 자신을 보려는 노력(반성)을 따로 하지 않으면 영영 자신을 보지 못한 채 살아가게 된다.

245 〰️ 탐색

지혜로운 사람은 항상 선견지명을 가지고 매사에 임한다. 일을 시작하기 전에 자기가 해야 할 일을 정확하게 숙지하고 있어야 좋은 결과에 대한 확신과 성공에 대한 자신감을 가질 수 있다. 신중하게 탐색하는 사람은 항상 자신이 있어야 할 자리도 정확하게 찾는다.

그러므로 나의 조건과 주위 환경에 대해 정확하게 이해하도록 노력해야 한다.

246 ∾ 즐김

사랑도 없이 이성(異性)의 맛만 살짝 보고 뱉어 버리는 즐기기 사랑에 빠지지 말아야 한다. 즐기기 사랑으로 영혼을 오염시켜 놓으면 마음속에 회의가 일어나 세상을 삐딱한 눈으로 바라보게 되고, 진실한 사랑마저도 '저번과 같겠거니' 하고 의심하게 되어 정상적으로 이끌고 가지 못한다.

247 ∾ 행복

사랑을 받는 것도 즐거운 일이지만, 주는 것 또한 의미가 있고 즐거운 일이며, 자신이 사랑하고픈 사람에게 진실한 사랑을 해 준다는 것은 사랑을 받는 것보다도 더 행복한 일이다. 자신이 사랑하고픈 사람을 사랑할 수 있는 것보다 더 즐겁고 행복한 일이 어디에 있겠는가!

248 ∾ 인생

세상에는 이유 없이 힘들게 살아가는 사람이 있는가 하면 이유 없이 수월하게 살아가는 사람이 있다. 뼈가 빠지도록 일을 해도 먹고 살기가 빠듯한 사람이 있는가 하면 하는 일 없이 빈둥거려도 먹고 살 게 넘치는 사람이 있다. 아무리 바둥거려도 일이 꼬이는 사람이 있는가 하면 쉬엄쉬엄 해도 일이 술술 풀려나가는 사람이 있다. 복을 받아야 할 사람은 벌을 받고 꼭 벌을 받아야 할 사람은 복을 받는 참으로 거지 같은 경우도 있다. 그러나 어찌하겠는가? 이런 것이 죄다 우리네 인생살이인 것을.

249 ∿ 참사랑

소나기식의 사랑을 하지 말라. 어떤 때는 사랑을 듬뿍 주다가 어떤 때는 사랑을 전혀 주지 않는 것은 사랑을 주지 않는 것보다도 못하다. 또 가끔씩 큰 사랑을 베푸는 것보다는 작은 사랑이라도 꾸준히 하는 사랑이 참사랑이다. 우물도 꾸준히 물을 퍼내야 신선한 물이 고이듯이, 사랑도 일상생활을 하는 가운데 매일매일 지속적으로 할 때 생활에 활력을 불어넣어 주는 신선한 사랑이 되는 것이다.

250 ∿ 순결

나는 한때 순결의 상징물을 여성에게만 만들어 놓은 것은 조물주의 실수였다고 생각했다. 그러나 성 윤리가 무참히 짓밟히고 있는 요즘에 와서는 그 생각이 바뀌었다. 남성에게도 그 같은 상징물을 만들어 놓지 않은 것이 조물주의 중대한 실수였다고

251 〰 결혼

결혼해서 배우자 덕을 보며 살겠다는 마음을 버리고 배우자에게 베풀며 살겠다는 마음을 가지고 결혼하라. 배우자의 덕을 톡톡히 보겠다는 심보를 가지고 결혼했던 사람들이 대개 실패(이혼)했으니까, 배우자를 위해 주겠다는 마음을 가지고 결혼한다면 틀림없이 행복한 결혼이 될 것이다.

252 〰 부부

결혼을 몸뚱어리만 얻는 것으로 오해해서는 안 된다. 또 몸뚱어리가 내 품에 들어왔다고 해서 내 사람이 된 것이라고 오해해서는 안 된다. 마음을 얻어서 한 결혼은 천리만리 떨어져 있어도 부부가 될 수 있지만 그렇지 못한 결혼은 한 이불 속에서 껴안고 있어도 부부가 될 수 없다.

253 〰 가사

결혼하면 먼저 남편이 할 일과 아내가 할 일을 구분해 놓아야 한다. 그리고는 상대방의 일에 대해서 관심은 가지되 간섭은 하지 말아야 한다. 대부분의 부부간 불화는 상대방의 일에 대해서 지나치게 무관심하든가 지나치게 간섭하든가 하는 데서 일어난다.

254 ～ 속내

남에게 좋은 일이 생겼을 때 피하지 말라. 평소에는 가까이 지내다가 좋은 일이 생기면 슬며시 자취를 감추는 것은 남의 잘됨을 차마 눈뜨고 보지 못하겠다는 속내를 드러내는 것으로, 오히려 평판만 나빠지게 된다. 남에게 나쁜 일이 생겼을 때 다가가지 말라. 평소에는 소원하게 지내다가 나쁜 일이 생기면 위해 주는 척하며 다가가는 것은 남의 잘못됨을 고소하게 생각한다는 속내를 드러내는 것으로, 도리어 미움만 사게 된다.

255 ～ 매도

사람을 싸잡아 매도해서는 안 된다. 어느 지방 사람은 어떻고, 어느 학교 출신은 어떻다는 식의 판단은 지극히 잘못된 것임을 명심하라. 한 밭뙈기에서 나온 곡식도 그 크기와 모양이 제각각이고, 한 뱃속에서 나온 자식도 그 생김새와 성격이 각양각색이거늘, 하물며 근본이 다르고 개성과 가치관이 천차만별인 사람들이 어떻게 한통속일 수 있겠는가!

256 ～ 소질

달리기에 소질이 있는 아이는 운동회를 손꼽아 기다리고, 장기자랑에 소질이 있는 아이는 소풍을 손꼽아 기다리듯이 아이는 자신이 가장 잘하는 것에 희망을 건다. 부모가 아이의 적성(소질)을 살려 주어야 하는 이유가 여기에 있다. 아이가 흥미 있어 하고 잘하는 것은 북돋아 주어야 아이는 미래에 희망을 걸고 자신 있게 나아간다.

257 〰️ 투정

쌀통에 쌀이 떨어지거든 '에이 빌어먹을 놈의 세상'이라고 하라. 천장에서 비가 새거든 '에이 몹쓸 놈의 세상'이라고 하라. 하지만 그 이외의 것들을 가지고는 원망하거나 투정 부리지 말라. 그 투정이 곧바로 불행이 되어 버릴 테니까.

258 〰️ 낙담

타인들은 모두 수지맞는 인생을 살아가고 있는 것 같은데 자신만 그렇지 않은 인생을 살아가고 있다고 낙담하는 것은 지나친 신세타령이다. 세상 사람들 모두는 소설책 한두 권 쓸 정도의 사연과 손수건 한두 장 적셔 낼 정도의 아픔을 안고서 살아가고 있다.

259 〰️ 거절

도움을 요청 받았다고 해서 뭐든 다 들어주는 사람은 세상에 거의 없다. 이때 상대방의 도움 요청을 승낙하고 거절하는 일은 둘 다 중요하다. 특히 많은 사람을 거느려야 하는 높은 지위에 있는 사람일수록 승낙과 거절의 균형을 잘 유지해야 한다. 그런데 대부분의 사람들이 승낙보다 거절을 어려워하는 이유는 어떻게 거절하느냐에 따라 그 결과가 극과 극을 달릴 수 있기 때문이다. 즉, 사람들이 일반적으로 느끼는 거절의 어려움은 '어떻게 거절하느냐?'이다. 일반적으로 사람들은 무조건적인 승낙보다 거절 후의 승낙을 더욱 기뻐한다. 그러므로 만약 어떤 일을 이루기 위해서 실패라는 과정이 반드시 필요하다면 절망하는 가운데에도 반드시 한 가닥 희망을 남겨 놓아라. 그래야 실패하더라도 언젠가는 달콤한 희망이 그동안의 좌절을 보상해줄 것이라고 기대감을 갖게 된다. 거절을 해야 하는 상황이 왔을 때는 경솔하거나 거만하게 굴지 말고 최소한의 도리를 지켜 예의 바르게 대처해야 한다. 그 부탁에 대해 행동으로 보상할 수 없다면 말로라도 반드시 보상하라. 거절할 때는 완곡한 표현으로 대신하는 것이 좋다.

260 〰 단순

아니라고 말하기로 한 자신의 결정에 대해서 장황한 설명이나 변명을 늘어놓지 말라. 그렇게 하면 본의와는 달리 약해 보일 수 있다. 짧고 간단하게 설명하라. 만일 자신이 확고하지 못하고 연약하게 생각된다면 합리화나 혹은 더 나쁜 경우 거짓 반, 진실 반을 말하면서 다른 사람을 확신시키려고 시도하지 말라. 이런 경우 대개 그것은 자신에게로 다시 돌아와 주변을 맴돈다.

261 〰 행동

너무 허술하게도 너무 완벽하게도 행동하지 말라. 너무 지저분한 방에 들 때는 옷이 더럽혀질까봐 앉기를 꺼리면서도 너무 깔끔한 방에 들 때는 방을 더럽혀 놓지나 않을까 조심스러워 앉기를 꺼리는 것이 모든 인간의 공통된 심리다. 그리고 이러한 심리는 인간관계에도 그대로 적용된다. 너무 허술한 사람과 함께할 때는 그의 허물을 옮을까봐 가까이 하기를 꺼리면서도 너무 완벽한 사람과 함께할 때는 내 허물을 그에게 옮겨 놓지나 않을까 염려되어 가까이 하기를 꺼린다.

262 〰 무신경

가끔은 아무 간섭도 하지 않는 것이 모든 것을 간섭하는 것이다. 잠시 머리를 숙이는 것은 장차 그것을 정복할 수 있다는 가능성을 함축하고 있다. 깨끗한 시냇물은 너무 쉽게 더러워진다. 하지만 탁한 물은 건드릴수록 더욱 혼탁해지는 법! 오히려 건드리지 않고 자연스럽게 되어가는 대로 맡겨 놓는 것이 가장 좋은 방법이다. 즉, 어지러운 세상을 바로잡으려고 좌지우지하는 것은 그것이 스스로 평정을 되찾길 기다려주는 것만 못하다.

263 〰 정열

'남들 못지않게 많은 시간을 투자했는데도 얻은 것이 별로 없다'고

하소연하지 말라. 많은 시간을 투자했다고 해서 반드시 그에 상응하는 대가가 주어지는 것은 아니다. 1시간이 온전히 1시간의 가치를 가지기 위해서는 정열이 포함되어야 하고, 정열이 포함된 시간이라야 100%의 능률을 발휘한다.

264 ∿ 욕망

인간의 욕망은 자기 자신을 표현하고자 하는 강한 욕구에서 비롯된다. '욕망'은 사람을 발전시키는 좋은 자극제이기도 하다. 너무나 간절해서 한시도 지체할 수 없는 욕망은 배불리 먹고 난 후에 느끼는 포만감보다 더 크게 작용한다. 인간의 성취감은 자기 자신의 욕망에 따라서 오래 유지되기도 하고 더 많이 높아지기도 한다는 사실을 명심하라.

265 ∿ 경쟁심

대부분의 사람들은 자신의 자존심을 위협하지 않으면 친구가 성공하도록 기꺼이 도움을 주려 한다. 이것이 아는 사람보다 낯선 사람을 돕고 싶은 이유이기도 하다. 어떤 면에서 상대방에게 경쟁을 한다거나 위협을 준다는 느낌이 없도록 해야 한다. 부러움이나 질투심 역시 어떤 면에서는 협조의 분위기를 그르칠 수 있는 것들이다. 상대방과의 사이에서 경쟁심의 요소를 제거하도록 노력해야 한다.

266 ～～ 집요함

대부분의 사람들이 변화를 싫어하는 것은 어쩔 수 없다고 말한다. 그러나 한 번 두들기는 대신에 여섯 번 정도를 끈질기게 시도해 보라. 어떤 연구에 따르면 여섯이 신비의 숫자라고 말한다. 연구 보고서가 아니더라도 대부분의 사람들은 여섯 번을 요구 받은 후엔 결국 동의하려 한다. 물론 혹자는 여러 번 요구 받지 않고도 곧바로 그러겠다고 말하기도 한다.

267 ～～ 10년

무슨 일을 하든 10년 앞을 내다보고 추진해야 한다. 10년 앞을 내다보고 일을 추진하면 적어도 남들보다 1년은 앞서갈 수 있지만, 1년 앞도 못 내다보고 일을 추진하면 남들보다 최소한 10년은 뒤처져서 따라가야 한다.

268 ～～ 포기

일을 너무 쉽게 시작하지 말아야 한다. 그래야 쉽게 포기하는 일이 생기지 않는다. 쉬운 포기는 언제나 경솔한 시작에서 비롯된다. 대충 계획을 만들고 얼렁뚱땅 일을 진행시키기 때문에 조그마한 난관에도 견디지 못하고 포기하게 되는 것이다.

269 〰️ 혼동

'혼수(婚需)'와 '혼수(昏睡)'를 구분 못하는 사람들이 있다. 혼수가 곧 행복인양 빚을 얻어서까지 혼수(婚需)를 마련해 주다가 그만 집 안이 혼수(昏睡) 상태에 빠지고 만다. '횡재(橫材)'와 '횡재(橫災)'를 구분 못하는 사람들이 있다. 노력도 들이지 않고 뜻밖의 재물을 횡 재(橫材)하려다가 정말로 횡재(橫災)를 당해 인생이 수렁에 빠지고 만다.

270 〰️ 구별

좋아하는 감정과 사랑하는 감정을 구별해야 한다. 그래서 사랑하 는 감정이 서로에게 있으면 사랑을 시작하고 단순히 좋아만 하는 감정이라면 사랑을 시작하지 말아야 한다. 좋아하는 감정만으로는 우정을 나누기에는 적당해도 사랑을 나누기에는 적당하지 않다.

271 〰️ 상반

악은 악으로 대하지 말아야 하고, 강은 강으로 대하지 말아야 한 다. 악에는 악을 개입시키지 않음으로써 선하게 할 수 있고, 강에 는 강을 개입시키지 않음으로써 부드럽게 할 수 있다. 불은 물이 끄고, 얼음은 따스함이 녹이듯 그 성질에 반대되는 행위가 그것을 바로잡는다.

272 〜〜 헛일

있어도 그만이고 없어도 그만인 것에 목숨 걸지 말라. 해도 그만 안 해도 그만인 일에 정력 쏟지 말라. 가도 그만 안 가도 그만인 일에 다리품 팔지 말라. 그것이야말로 소득 없는 일들이다.

273 〜〜 눈총

재물을 쌓는 데 열중하는 만큼 좋은 인간성을 갖기 위해서 노력해야 하고, 학문을 쌓는 데 열중하는 만큼 인격 도야를 위해서 노력해야 하며, 외모를 가꾸는 데 열중하는 만큼 바른 예의를 갖추기 위해서 노력해야 한다. 사람은 물질적으로 부족할 때보다 인간적으로 부족할 때 더 많이 눈총을 받고, 학문적으로 부족할 때보다 인격적으로 부족할 때 더 많이 빈축을 사며, 외모적으로 부족할 때보다 예의적으로 부족할 때 더 많이 눈엣가시 취급을 당하기 때문이다.

274 〜〜 편견

같은 종이라도 신사가 들고 있으면 서류 뭉치이고 환경미화원이 들고 있으면 쓰레기 뭉치가 된다. 같은 말이라도 철학자 입에서 나오면 명언이고 평범한 사람 입에서 나오면 싱거운 소리가 된다. 같은 음식이라도 근사한 음식점에서 먹으면 외식이고 집에서 만들어 먹으면 끼니이다. 같은 상품이라도 외국 상표가 붙어 있으면 좋은 물건으로 치부되고 한국 상표가 붙어 있으면 평범한 물건으로 취급 받는다. 이런 것을 두고 편견이라고 하는 것이다.

275 〰 주목

반드시 주목받아야겠다는 생각을 버려라. 너무 남의 시선을 의식하다보면 자기도 모르게 분수에 넘치는 행동을 할 수 있다. 이런 모습은 사람들이 나의 참모습을 보지 못하고 오해하게 만든다. 어쩌면 지나치게 아름다운 미모도 해를 입힐 수 있다. 왜냐하면 뛰어난 외모는 주위 사람의 질투를 유발하기 때문이다. 그들의 유치한 질투로 인해 나에 대한 평가가 왜곡될 수 있는데 경우에 따라서는 그 정도가 예상보다 훨씬 더 심각할 수 있다. 그렇다고 이 모든 시선을 의식하고 그에 맞춰 살 수는 없다. 각자 다른 인생이 있듯이 그 인생을 살아가는 방식 또한 다르기 때문이다. 자신의 삶의 방식을 존중하되 지나치게 남의 시선을 끌지 말라.

276 〰 증오

조심하던 발이 헛디뎌졌을 때보다는 발이 헛디뎌졌을 때 더 치명적인 상처를 입는 것처럼, 믿었던 사람으로부터 당하는 상처가 더 깊게 파인다. 그렇기 때문에 가장 친했던 사람과 결별하면 가장 무서운 적이 되고, 가장 사랑했던 사람과 이별하면 가장 증오하는 사이가 되는 것이다.

277 〰️ 충고

어른들의 충고를 받아들여야 하는 것은 그들에게 해박한 지식이 있기 때문이 아니라 노련한 경험이 있기 때문이다. 그들의 충고가 단순히 지식적인 것이 아니라 어떠어떠한 경우에는 어떠어떠한 일이 일어난다는 것을 몸으로 부딪쳐 얻어낸 산 경험이고 산 지혜이기 때문에 예외성이 많은 삶에서 요긴하게 써먹을 수 있는 것이다.

278 〰️ 복수

내 눈에 더 이상의 눈물을 흘리지 않게 하는 길은 타인의 눈에 눈물 대신 웃음이 감돌도록 하는 것이다. 눈물에 눈물을 개입시키는 것은 서로의 감정만 사납게 할 뿐 얻는 것이 없고, 눈물(복수)에는 눈물(복수)을 개입시키지 않음으로써만 멈추게 할 수 있다.

279 〰️ 허풍

내용물이 신통치 않은 물건일수록 겉포장에 신경을 많이 쓰는 것처럼 변변치 못한 사람일수록 허풍을 많이 떤다. 그렇기 때문에 허풍을 떠는 사람 중에서 좋은 사람을 찾아내기란 금맥을 발견해 내는 것만큼이나 힘들다.

280 〰️ 헛똑똑이

지나치게 총명한 것보다는 차라리 멍청한 것이 낫다. 머리로 계산

하는 사람들은 항상 심기가 복잡해서 하는 일마다 꼬이기 쉽기 때문에 결국엔 스스로 망가지고 자체 모순에 빠지는 경우가 많다. 그러므로 이런 사람들은 생각을 너무 많이 하지 말고 가장 상식적인 방법으로 행동하는 편이 더욱 안전하다. 물론 총명함을 인정받는 것도 좋긴 하지만 지나치게 학문적으로 빠지다 보면 결국 이해해 주는 사람 하나 없이 자기 생각의 깊은 골짜기에 빠져버리고 만다. 즉 자기중심의 학문적 이론은 원만한 대인관계를 방해한다. 그러므로 중요한 논단에서 인정받은 확실한 이론이 아니면 학문적인 소견을 함부로 입 밖으로 꺼내지 말라.

281 ～ 앞날

지금 당장보다는 먼 앞날을 내다보고 행동해야 한다. 지금 당장 손해 보는 일이라도 앞날에 가서 이익이 되는 일이라면 너그럽게 양보하고, 지금 당장 고통스러운 일이라도 앞날에 가서 인생을 빛내는 일이라면 묵묵히 해내야 큰사람이 되어 큰 인생을 살아갈 수 있다.

282 ～ 등위

재물의 정도라든지, 학벌의 정도 그리고 지위의 정도에 따라 등위를 매길 수 없는 것이 인생이다. 생명의 길고 짧음에 따라 가치를 매길 수 없는 것이 또한 인생이다. 재물, 학벌, 지위 같은 것이 전혀 없어도 그것들을 다 가진 사람보다 더 큰 명성을 얻는 사람이 있고, 젊은 나이에 세상을 떠났어도 늙어 꼬부라지도록 산 사람보다 더 큰 족적을 남겨 놓고 가는 사람이 있다.

283 〰️ 도박

돈 놓고 돈 먹기 게임은 하지 말라. 삶에서 가장 위험한 게임은 '노름'이나 '빠징코' '투견' 같은 것들이다. 그것들의 속성은 수많은 사람을 울린 대가로 몇 사람만이 웃는 것이기 때문에, 도박판에서 웃기는 하늘에 별 따기만큼이나 힘들고, 울기는 자갈밭에서 자갈을 줍는 것만큼이나 쉽다.

284 〰️ 인맥

필요할 때나 필요하지 않을 때나 좋은 인맥을 유지시켜 놓아야 한다. 비록 오늘 필요하지 않은 사람이라 할지라도 내일에 가서는 절실히 필요할 수도 있음이니, 그때 가서 그의 도움을 선뜻 받기 위해서는 평소에 좋은 인맥을 유지해 놓아야 한다.

285 〰️ 생각

인생을 살아가면서 고풍스런 생각을 하여야 한다. 삶의 질은 생각이 얼마나 고풍스러우냐에 달려 있는 법이다. '오늘은 어떤 여자(남자)를 만나서 노닥거릴까?', '오늘은 어느 클럽에 가서 몸을 흔들어

볼까?' 하는 생각이 머릿속에 꽉 차 있어서는 풋풋한 인생과는 영영 멀어지고 만다.

286 〰️ 언어

자신이 듣는 말들이나 생각하는 말들보다, 하는 말들이 더 큰 영향을 끼친다. 항상 인스턴트 음식을 먹는 것은 건강을 해치고 비만을 초래하는 것과 같이, 내가 사용하는 말들도 물리적인 영향을 준다. 그러니 이 점에 주의하라. 그렇지 않으면 스스로에게 하는 말들이 자신에게서 힘을 빼앗아 갈 것이다. 마음은 내가 말하는 것은 무엇이든지 받아들인다. 좀 더 힘이 담긴 언어들을 사용할 때 스스로에 대한 인식도, 다른 사람들이 바라보는 시각도 변할 것이다.

287 〰️ 가치

인간관계라는 것은 언제나 상대적이다. 어떤 상대를 만났을 때 자신감을 잃거나 자신의 존재를 가치 있게 생각하지 않는다면 상대방은 오히려 자신감을 가지고 자신의 존재가 더 가치 있다고 생각하게 된다. 그렇다면 이러한 타인과의 관계에서 어떻게 하면 최적의 입장과 위치를 차지할 수 있을까? 인간관계에서 어떻게 자신의 가치를 확립할 수 있을까? 특별히 유용하지 않더라도 자신의 가치를 더욱 높일 수 있다. 처음에는 자유롭게 흥정을 하라. 그리고 조금 더 가격을 올려라. 그리고 자신의 능력을 기르고 발휘해서 계속 그 가치를 높일 수 있도록 하라.

288 ⌇⌇⌇ 중간

너무 못난 사람도 너무 잘난 사람도 문제가 많기는 마찬가지다. 너무 못난 사람도 자살을 하지만 너무 잘난 사람도 자살을 하고, 너무 못난 사람은 시집 장가가기가 힘들지만 너무 잘난 사람도 시집 장가가기가 힘드니 말이다. 그래서 언제나 좋은 것은 가운데 토막인 것이다.

289 ⌇⌇⌇ 착각

큰 행복을 찾아야만 행복을 누릴 수 있다고 착각하지 말라. 큰 행복을 찾다가 찾지 못하면 불행한 사람이 된 것처럼 생각하지 말라. 큰 행복을 찾는 만큼 실망도 크고, 불행에 빠지기도 쉽다는 것을 깨달아야 한다. 불행에 빠지지 않고 소중하고 값진 행복을 찾기 위해서는 작고 소박한 것에서부터 찾아야 한다. 작은 행복이 모여서 큰 행복이 되는 것이지 처음부터 큰 행복은 없다. 가장 작고, 소박한 행복이 가장 큰 행복이라는 것을 깨달을 때 가장 큰 행복을 맛볼 수 있다.

290 ⌇⌇⌇ 해방

자신에게 부드러워져라. 판단의 비판적인 목소리는 없애 버려라.

나라는 사람 전체를 사랑과 동정을 가지고 받아들여라. 그러면 다른 사람들도 사랑할 수 있다. 자신의 어린 시절을 기억하라. 쾌활한 사람이 되라. 자신의 가면을 벗어 버리고 진정한 나를 해방시켜라. 그러면 막강한 힘의 소유자처럼 느끼게 될 것이다.

291 ∾ 열쇠

사랑을 받고 싶다면 내가 먼저 사랑을 주어라. 밑천을 들이지 않고도 상대방의 마음을 사로잡는 방법은 바로 '상대방을 먼저 사랑하는 것'이다. 사랑은 상대방의 영혼을 움직이게 할 수 있는 가장 강한 원동력이며, 또한 사랑은 굳게 닫힌 상대방의 마음을 열 수 있는 유일한 열쇠이다.

292 ∾ 호강

사랑하는 자녀에게 호강을 시켜 주는 것은 유쾌한 일이지만 매를 든다는 것은 매우 가슴 아픈 일이다. 그렇지만 그러한 마음은 자녀가 성장하여 반듯한 사회인이 되었을 때 뒤바뀌어 버리므로 너무 가슴 아파할 필요는 없다.

293 ∾ 건강

나무의 가지와 잎은 온통 뿌리에 의존하여 산다. 뿌리로부터 양분을 전달 받지 못하면 가지와 잎은 말라죽고 만다. 인간의 활동은 전적으로 건강에 의존하여 유지된다. 건강한 몸으로부터 에너지를 전달 받지 못하면 그 삶은 며칠도 버티지 못하고 정지해 버리고 말 것이다.

294 〰 후회

현명한 사람은 매사를 행복하다고 느끼면서 살아가지만, 어리석은 사람은 매사를 불행하다고 느끼면서 살아간다. 또 현명한 사람은 평소에도 행복하다는 것을 느끼나, 어리석은 사람은 불행을 겪고 나서야 비로소 그때가 행복했었다고 후회를 한다.

295 〰 깨우침

행복을 느끼지 못하는 사람들이여 '나는 지금 행복한가?'라고 자꾸 되풀이해서 물어보지 말고 '나는 지금 불행한가?'라고 물어보라. 그러면 행복하다는 것을 느낄 수 있을 것이다. 이 세상에는 행복과 불행만 있고 그 중간은 없다. 그렇기 때문에 지금 불행하지만 않다 면 행복한 사람인 것이다. 이 사실을 깨달을 수 있는 사람은 불행을 겪음이 없이 행복한 사람이 될 것이지만, 이 사실을 깨닫지 못하는 사람은 불행을 겪고 나서야 비로소 행복이 무엇인지를 깨달을 수 있을 것이다.

296 〜〜 죽음

죽기 위해서 죽음을 생각하지 말지어다. 살기 위해서 가끔씩 죽음을 생각토록 하라. 생을 마감하게 하는 것도 죽음이지만 생을 값지게 만들어 주는 것 또한 죽음이다. 생의 건너편에서 죽음이 기다리고 있기 때문에 생에 대해 애착을 가지고 치열하게 살아가는 것이다. 영원히 죽지 않는다면 어느 누가 지금처럼 치열하게 살아가려 하겠는가!

297 〜〜 오늘

오늘 살아야 할 삶을 살지 않고 내일로 미루는 것은 오늘과 내일을 동시에 희생시키는 결과를 낳는다. 오늘은 내일로 미루어서 희생시키고, 내일은 오늘 미루어 둔 삶 때문에 희생되는 것이다. 따라서 오늘과 내일을 동시에 얻는 비결은 오늘의 삶은 오늘에 사는 것이다.

298 〜〜 진정으로

자신의 삶을 다시 요구하는 일부터 시작하라. 아니라고 말하는 법을 배워라. 이 기술은 시간과 인내를 요구한다. 그러므로 참을성을 가져라. 앞으로 나아가라. 자신의 진보를 측정하고 다음 단계에 자신의 초점을 굳건하게 맞춰라. 항상 뒤를 돌아보면 앞으로 나아갈 수 없다. 과거의 문제들로부터 그만 자신을 놓아 줘라. 그리고 다친 곳을 치유하라. 자신의 건강과 인간관계를 위해 마음속에 품어 왔던 화는 다 쏟아내라. 용서하는 법을 배워라. 하루에 한 번씩 가장 멋진 사람이 되는데 집중력의 힘을 사용하라. 용기와 믿음을 가지고 여행을 계속하라. 무엇보다도 진정으로 원하는 삶을 사는 일을 시작하라. 그리고 그렇게 하면서 이 세상에서 믿을 수 없을 정도의 멋진 선물을 선사하라. 바로 '나'라는 선물!

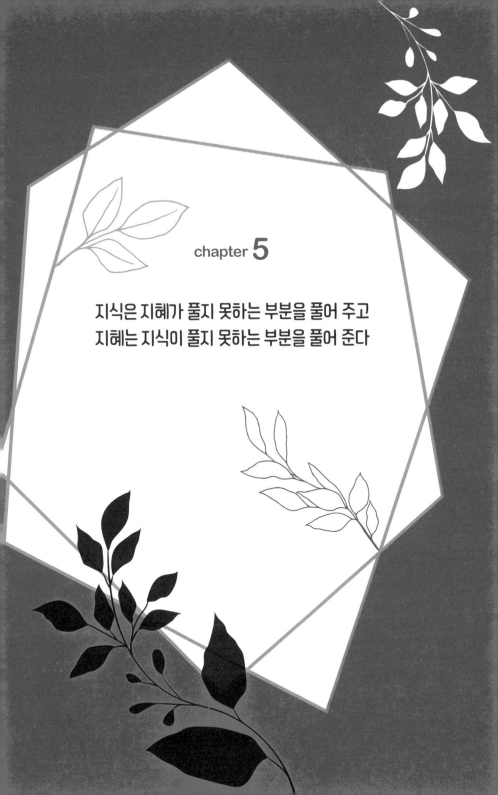

chapter **5**

지식은 지혜가 풀지 못하는 부분을 풀어 주고
지혜는 지식이 풀지 못하는 부분을 풀어 준다

기분 나쁜 일이 있더라도
웃음으로 넘겨 보라.
찡그린 얼굴을 펴기만 하는 것으로
마음도 따라서 펴지는 법이다.
웃는 얼굴은
얼굴의 좋은 화장일 뿐 아니라
생리적으로도 피의 순환을
좋게 하는 효과가 있다.
웃음은 인생의 약이다.

── 알랑

299 ∿ 자아

행복과 불행, 사랑과 미움, 이익과 손해는 서로 다른 문에서 나오는 것이 아니라 같은 문을 드나들면서 자리바꿈을 한다. 그 자리바꿈을 유도하는 것은 자기 자신이며, 자신의 마음가짐에 따라서 행복해지기도 하고 불행해지기도 하고, 이익을 보기도 하고 손해를 보기도 한다.

300 ∿ 정의

정의는 오직 목숨하고만 바꿔라. 목숨(정의)과 바꾼 정의는 영원히 살아 있지만 이익(불의)과 바꾼 정의는 바꾸는 순간 바로 사라진다. 정의를 목숨(정의)과 바꾼 안중근은 애국자가 되었고, 정의를 이익(불의)과 바꾼 이완용은 매국노가 되었음이 이를 증명한다.

301 ∿ 인연

부모 인연 지중하니 섬기기를 소홀히 하지 말고, 형제 인연 소중하니 위하기를 소홀히 하지 말라. 부부 인연 각별하니 아끼기를 소홀히 하지 말고, 친구 인연 필요하니 사귀기를 소홀히 하지 말며, 이웃 인연 따뜻하니 나누기를 소홀히 하지 말라.

302 ∿ 솔선

상대방을 뛰게 하고 싶으면 자신이 먼저 뛰어라. 상대방을 일찍 일어나게 하고 싶으면 자신이 먼저 일찍 일어나라. 상대방을 변화시키는 데 있어서 솔선수범보다 더 좋은 방법은 없다. 상대방이 변화되어 주었으면 하는 바람만큼 자신이 먼저 솔선수범을 하면 요지부동이던 마음(태도)은 서서히 움직이기 시작한다.

303 〰 교류

우정은 지식을 배우는 학교이고, 대화는 타인의 장점을 배우는 수단이다. 현명한 사람을 스승으로 삼아 학문의 즐거움과 대화의 기쁨을 하나로 일치시켜라. 나보다 영리한 사람을 친구로 삼아라. 그와 함께 보고 듣는 모든 것은 나의 견문을 넓혀주기 때문에, 그 지식을 바탕으로 다른 사람과 대화를 한다면 영리한 사람으로 평가받을 수 있다. 사람들은 자신의 흥미에 따라 사람을 사귀고, 그들과 꾸준한 교류를 통해 자신의 흥미를 전문적인 지식 또는 기술로 발전시킨다. 똑똑한 사람이 모두 학자 집안에서 태어나는 것은 아니다. 세상은 노력하는 사람들이 지혜를 발휘하는 무대이지 자신의 배경을 미끼로 해서 온갖 수단을 부려 명예를 추구하는 오만한 자들의 궁전이 아니다. 세상에는 깊은 학문과 곧은 인품으로 이름을 널리 알리는 사람이 많다. 그들의 공통적인 특징은 솔선수범하여 남에게 선행을 베푼다는 사실이다. 만약에 이런 사람들과 가까이 지낸다면 그들처럼 지혜롭고 거대한 뜻을 품은 참된 인간으로 성장할 수 있다.

304 ⌒⌒ 재능

타고난 재능을 잠재우지 말라. 모든 사람은 스스로만의 고유한 재능과 재질을 가지고 태어난다. 하지만 많은 경우 이 재능들은 빛을 보지 못한다. 삶의 중요한 부분의 하나는 자신의 재능이 어떤 것인지, 그리고 어떻게 그것을 사용해야 하는지를 깨닫는 것이다. 그것을 알아차릴 때, 마치 나비가 누에 껍질을 벗고 나와 하늘로 날아오를 채비를 하듯, 새로운 힘이 실제로 솟구치는 것을 스스로 느낄 수 있다.

305 ⌒⌒ 행복

행복에 조건을 달지 말아야 한다. 더 굵고 싱싱한 생선을 사려고 생선 상자 속을 온통 뒤집는 사람은 혼돈이 되어서 정작 아무런 생선도 사지 못하고 돌아서듯이, 더 크고 자극적인 행복을 맛보려고 이런저런 조건을 내거는 사람은 투정이 늘어서 오히려 행복을 못 느낀다.

306 ⌒⌒ 자랑

삶은 잘되는 시기와 잘못되는 시기가 번갈아 오며 어느 것 하나도 지속되는 것은 없다. 따라서 타인이 잘못되었을 때 비웃어 주거나 자신이 잘되었을 때 자랑을 늘어놓으면 그 반대의 상황이 되었을 때 감당할 수가 없게 된다.

307 〰 존경

주위로부터 인사치레로 '조금만 더 하십시오' 하고 붙잡을 때 물러나야 오래오래 존경 받는 지도자로 남는다. 주인이 '조금만 더 머물렀다 가십시오' 하고 청할 때 돌아와야 오랫동안 반가운 손님으로 기억된다.

308 〰 부

부(富)는 창출이 아니라 이동이다. 부자는 없는 돈을 스스로 찍어내거나 없는 땅덩어리를 스스로 만들어 내서 되는 것이 아니라, 남의 주머니에 있는 돈을 긁어모으거나 남이 소유하고 있는 부동산을 자신에게 귀속시킴으로써 된다. 그러니까 한 사람의 부자의 뒤에는 적어도 몇 사람의 경제적 희생이 필연적으로 따르게 되는 것이다.

309 〰 현실

현실은 젊은 시절에는 거역하고, 중년·노년으로 가면서도 서서히 받아들여야 한다. 인생을 한참 개척해야 할 시기에 현실에 안주하여 빈둥거리면 평생이 망쳐지게 되고, 인생을 서서히 정리해야 할 시기에 현실을 외면하고 허황된 일에 매달리면 여생이 망쳐지게 된다. 새파란 젊은이가 현실에 만족하여 빈둥거리는 것도 목불인견이지만 백발노인이 현실에 만족하지 못하고 몸부림치는 것도 그리 보기 좋은 일이 아니다.

310 〜〜〜 덫

10대에는 '탈선'의 덫을 피해야 하고, 20대에는 '방황'의 덫을 피해야 하며, 30대에는 '나태'의 덫을 피해야 한다. 40대에는 '과로'의 덫을 피해야 하고, 50대에는 '과욕'의 덫을 피해야 하며, 60대에는 '노탐'의 덫을 피해야 한다. 인생의 길목에 도사리고 있는 이러한 덫(함정)들을 슬기롭게 피해야 인생이 순탄하게 이어진다.

311 〜〜〜 탈출구

절망이 유일한 탈출구가 될 때까지 기다리지 말라. 대신 스스로에게 변화하도록 영감을 불어넣어라. 자신의 열정을 찾고, 꾸물거리는 버릇과 무감각 따위는 과감히 지워 버려라. 변화와 친구가 되게 하라. 이런 것들을 결심하고 실천에 옮김으로써 한층 완성된 삶을 살 수 있게 될 것이다.

312 〜〜〜 선

태어나자마자 악을 세상 살아가는 도구로 삼는 사람은 없다. 악이 좋아 악을 행하는 사람은 더욱 없다. 모든 사람은 근본적으로 선을 세상 살아가는 도구로 삼는다. 악은 극한 상황에 몰리거나 도저히 어쩔 수 없는 지경에 몰렸을 때만 잠시 저질러진다. 물론 악을 저지른 후에는 다시 선으로 돌아온다. 싱그러움이 감도는 새벽이 오면 모든 사람은 선의 마음으로 돌아온다.

313 〰 정체

때때로 믿음은 상처가 크고 고통스러운 경험 때문에 생겨난다. 하나의 믿음의 정체를 벗겨 보면 종종 감정들이 등장한다. 믿음과 관련된 고통스런 감정들과 느낌들을 자유롭게 떨쳐 버리자. 일단 그 감정들의 에너지가 방출되고 나면 믿음은 변화될 수 있다.

314 〰 구분

주먹 쥐고 달려드는 자를 제압하여 넘어뜨리는 것은 정당방위이다. 그러나 넘어져 더 이상 저항하지 못하고 버르적거리고 있는 자를 밟기까지 하는 것은 과잉방위이다.

315 〰 적

새로운 인연을 자꾸 만들기보다는 지금 맺고 있는 인연과 더욱더 좋은 관계를 유지하는 것이 적을 만들지 않는 비결이다. 새로운 인연이 생겨나면 생겨날수록 과거의 인연에 대해서는 소홀해지게 되고, 그렇게 되면 과거의 인연으로부터는 자연히 원망이나 원한을 사게 된다.

316 〰 미움

이유 없이 사람을 미워하지 말라. 죄 중에 가장 큰 죄는 사람을 이유 없이 미워하는 것이다. 대중이 미워한다는 이유만으로 그를 미

위하거나, 좋은 집에서 좋은 차 굴리며 산다고 해서, 나보다 잘나고 잘생겼다고 해서 무턱대고 그들을 미워하는 것은 그들에게 큰 죄를 짓는 것이다.

317 〰️ 고역

고개 숙이지 못하는 지식인을 보는 것도 고역이지만 고개 숙이지 못하는 무식자를 보는 것도 고역이다. 지식인의 오만도 비위가 상하지만 무식자의 거만은 더 비위가 상한다. 자중하지 못하는 부자를 보는 것도 고역이지만 자중하지 못하는 빈자(貧者)를 보는 것도 고역이다. 부자의 으스댐도 구역질 나지만 빈자의 알량한 자존심은 더 구역질 난다.

318 〰️ 고통

고통은 외부로부터 오는 것이 아니라 자신의 뜻대로 하고자 하는 지나친 욕심으로부터 온다. 따라서 고통에서 벗어나고 싶으면 세상을 탓할 필요는 없고 자신을 공연히 들볶고 있는 욕심을 죽이면 되는 것이다.

319 〰️ 편안

우리는 편안함을 사랑한다. 하지만 불행하게도 이 편안함이 우리를 제자리걸음하게 만드는 주범의 하나이다. 스스로 변화의 필요성을 느낄 때도 우리는 종종 진정으로 원하는 것 대신 안전하게 보이는 것, 그리고 낯익게 보이는 것을 선택하게 된다. 핑계를 대는 데는 선수 급이고, 자신의 잘못을 인정하지 않으려 하며, 왜 멈춰 있을 수밖에 없는가를 계속 정당화하며 살아간다.

320 〰 명료함

같은 말을 계속 반복하거나 고집스럽게 주장하지 말라. 간단명료함은 감정을 유쾌하게 만들고, 쉽게 사람들의 호감을 얻게 하며, 결과적으로 일의 성공률을 높인다. 지혜롭지 못하면서 신분만 높은 사람은 생각 없이 하고 싶은 말을 내뱉고 나서 입소문을 막기에 급급하고, 잃을 것도 없으면서 근심거리를 안고 사는 자는 사람들에게 거부 당할까 봐 전전긍긍한다. 하지만 지혜로운 자는 사람들의 반응에 쉽게 흔들리지 않고 일관성 있게 적절하게 대처한다. 또한 구구절절한 변명과 핑계로 남을 화나게 하거나 바쁜 사람을 귀찮게 하지도 않는다.

321 〰 차이

이별과 이혼은 글자 한 자 차이지만 그것이 인생에 미치는 영향은 극과 극이다. 이별은 사랑에 상처를 내고, 이혼은 인생에 상처를 낸다. 이해와 오해 역시 글자 한 자 차이지만, 그것이 인간관계에 미치는 영향은 정반대이다. 이해는 인간관계의 벽을 허물어뜨리지만 오해는 인간관계의 벽을 높이 쌓아 올리기 때문이다. 선물과 뇌물 또한 글자 한 자 차이지만 그것이 가지는 의미는 하늘과 땅이다. 선물은 순수한 감사의 표시지만 뇌물은 부정한 청탁의 표시이기 때문이다.

322 〜〜〜 노력

세상에는 반드시 노력을 해야 되는 것이 있고 가만히 있어도 되는 것이 있다. 성공인, 지식인, 부자, 전문가, 기술자 등은 전자의 경우이고, 낙오자, 무식자, 빈털터리, 부랑자 등은 후자의 경우이다. 누구라도 노력을 하면 전자처럼 되고, 누구라도 노력을 하지 않으면 후자처럼 된다.

323 〜〜〜 문제

외국어를 제대로 모른다고 해서, 대학을 나오지 못했다고 해서, 가난하다고 해서, 얼굴이 좀 못생겼다고 해서 살아가는 데 문제 될 것은 전혀 없다. 그런 것들과는 상관없이 인간이 돼먹지 못해서 마땅히 해야 할 도리조차도 하지 못하고 세상을 시끄럽게 만드는 사람이 더 문제인 것이다.

324 〜〜〜 시인

비판에 대해서 신경질적인 반응을 보이는 것은 그 비판이 옳다는 것을 시인하는 것이 되고, 남을 시기하는 것은 자신이 남보다 못하다는 것을 시인하는 것이 된다. 약속을 고의로 어기는 것은 약속한 일에 흥미가 없다는 것을 시인하는 것이 되고, 일을 시작하기도 전에 이런저런 핑계를 대는 것은 그 일에 자신감이 없다는 것을 시인하는 것이 된다.

325 〜〜 부모

부모에게 지나친 희생을 강요하지 말라. 부모는 자식이 원하는 것이면 무엇이든 내놓는 도깨비방망이가 아니다. 자식이 원하는 것을 얻기 위해 부모는 값진 인생을 바쳐 가며 고통을 치러야 하고, 고통 속에서 부모는 주름살과 한숨을 늘려 가야 한다.

326 〜〜 친구

친구는 착하고 영리한 나의 반쪽이다. 친구와 함께 있을 때 만족감을 느끼는 이유는 그와 더불어 나의 가치 또한 빛을 더하기 때문이다. 친구가 하는 말에는 거짓이 없다. 언제나 진심으로 나를 생각하기 때문에 그의 격려는 세상 그 어떤 응원보다 값지고 커다란 힘을 준다. 그러나 실제로 자신의 반쪽이 되어 주는 친구를 만나기란 결코 쉬운 일이 아니다. 진정한 친구를 만나고 싶다면 먼저 손을 내밀어라. 진심으로 다가가야 상대도 나를 소중한 친구로 받아들인다.

327 ∿ 부하

수동적인 부하보다는 능동적인 부하를 만들어 놓아야 한다. 시간이 좀 많이 걸리더라도 지시가 있든 없든 스스로 따라 움직여 주는 그런 부하를 만들어 놓아야 한다. 단 한 명이라도 능동적인 부하라야 쓸모가 있다. 그런 부하라야 적진에 투입해도 배신하지 않고 끝까지 임무를 수행한다.

328 ∿ 감투

덕(德) 없이 감투를 쓰지 말라. 우두머리 자리는 유난히 외롭고 거센 세파(시기와 질투, 계략과 음모)가 몰아치기 때문에, 덕의 방패막이가 없으면 견뎌내지 못할 뿐만 아니라 감투를 벗어 놓았을 때 쏟아지는 비난을 막을 대책이 없다.

329 ∿ 미덕

일하는 과정에서 반드시 남기는 미덕을 실천하라. 잘해보겠다는 의욕이 앞서 자신의 재능과 역량을 남김없이 다 써 버리면 나중에 나에게 남는 것은 아무 것도 없다. 재능은 점차 완벽으로 기울고, 임기응변 능력은 둘도 없는 귀중한 무기가 될 수 있도록 끊임없이 역량을 갈고 닦아라. 원대한 생각과 주도면밀한 계획을 가지고 있는 사람은 항상 확실하고 안전한 방향을 고집하기 때문에 나쁜 결과란 있을 수 없다.

330 〰 교양

배웠으면 배운 만큼 교양 있게 말하고 행동해야 한다. 배운 사람에게 거는 기대는 배우지 않은 사람에 비해 두 배나 되기 때문에 교양 없이 행동했을 때는 비난도 두 배로 받는다. 똑같이 교양 없는 행동을 했어도 배운 사람이 배우지 않은 사람보다 두 배로 욕을 먹는 것은 이 때문이다.

331 〰 참삶

진정한 낚시꾼은 낚시하는 것 자체를 즐긴다. 그에게 있어 고기를 낚느냐 허탕을 치느냐, 월척을 낚느냐 잔챙이를 낚느냐는 그리 중요한 문제가 아니다. 진정으로 값진 삶을 살아가는 사람은 사는 것 자체를 감사하게 생각한다. 그에게 있어 환경이 좋으냐 나쁘냐, 형편이 넉넉하냐 궁하냐는 그리 중요한 문제가 아니다.

332 〰 희생

희생을 강요하지 말라. 희생은 등 떠밀려 하는 것이 아니라 스스로 우러나서 하는 것이다. 불길 속에 갇혀 있는 자식을 구하기 위해 그 부모가 거침없이 불길 속으로 뛰어드는 것처럼 자기 목숨 생각할 여력이 없이 본능적으로 하는 행동이 희생이다. 따라서 자신이 희생한다는 것을 알고서 어떠한 행위를 하거나 자기 목숨을 생각하고서 위험 속으로 뛰어드는 것은 이미 희생이 아니다.

333 〰 만남

친분이 그리 두텁지 않은 사람이라면 집 안으로 끌어들이지 말고 밖에서 만나라. 그런 사람을 집 안으로 끌어들이는 것은 근심거리를 끌어들이는 것과 마찬가지다. 그런 자는 시도 때도 없이 찾아와 집안사람들을 불편하게 만들거나 말을 함부로 해서 곤궁에 빠뜨릴 수 있다.

334 〰 예의

가진 것이 부족하거든 예의를 보여라. 배운 것이 부족하고 생긴 것이 부족하거든 예의를 보여라. 예의를 보이는 순간 그것들은 자취를 감춘다. 예의는 빈손도 채워 주고 무식도 덮어 주고 못생김도 가려 주어 그 부족함을 드러나지 않게 한다.

335 〰 도리

모르는 사람을 가르쳐 주지는 못할 망정 이용해먹지 않는 것이 배운 사람의 도리이고, 없이 사는 사람을 위로해 주지는 못할 망정 업신여기지 않는 것이 가진 사람의 도리이며, 나약한 사람을 보살펴 주지는 못할 망정 억압하지 않는 것이 강자의 도리이다.

336 〰 처신

'너도 똑같은 놈이야' 하는 비난이 친구에게 돌아가지 않도록 처신해야 한다. 친구는 그 소리를 주먹으로 한대 얻어맞은 것보다 더 기분 나쁘게 생각한다.

337 〰 보람

자신에게 좀 더 많은 것을 요구함으로써 더 나은 선택의 기회를 만들라. 혹은 누군가 다른 사람을 기다리거나, 자신의 환경이 바뀌기를 바라는 대신 먼저 첫발을 내딛어라. 진실로 보람된 모든 것은 자신의 안전지대 바깥에 놓여 있다. 안전 수위에 끊임없이 도전하는 것이야말로 자신이 살아있음을 분명하게 느끼도록, 더 많은 열정과 자신이 원하는 것을 얻을 수 있다는 확신을 갖도록 도와준다.

338 〰 자격

사랑하지 않았다면 미워할 자격도 없다. 칭찬하지 않았다면 꾸짖을 자격도 없다. 손뼉을 치지 않았다면 비난할 자격도 없고, 도와주지 않았다면 빼앗을 자격도 없다. 세상의 모든 갈등과 반목은 사랑 없이 미워하고 칭찬 없이 꾸짖고 박수 없이 비난하고 도움 없이 착취하는 데서 생겨난다.

339 〰 자선

저축은 쓰다 남아서 하는 것이 아니라 써야 할 돈을 남게 해서 하는 것이고, 자선은 먹다 남아서 하는 것이 아니라 먹기 전에 덜어내서

나누는 것이다. 실컷 쓰고 남은 돈을 은행에 맡기는 것은 저축이
아니라 보관이고, 내 배 실컷 불리고 남은 음식을 배고픈 사람에게
주는 것은 자선이 아니라 위선이다.

340 ～ 여유

시간이 많다고 너무 여유를 부려서는 안 된다. 지나친 여유는 꾸물
거림으로 이어져 때를 놓치고 만다. 돈이 많다고 너무 여유를 부려
서는 안 된다. 지나친 여유는 빈둥거림으로 이어져 근로 의욕을 상
실하고 만다.

341 ～ 돈

돈을 벌기도 전에 쓸 곳과 소용되는 액수를 정해 놓지 말라. 그것
은 수순이 전도된 것으로써 그것이 미리 정해지면 돈을 벌겠다는
마음만 앞서 돈 버는 수단이 비열해지고 악랄해진다. 강도, 은행털
이범처럼 이미 돈 쓸 곳이 정해지고 그 액수에 맞추려다 보면 범죄
까지도 서슴지 않게 되는 것이다.

342 ～ 아픔

인생의 어느 한 부분만을 놓고 보면 모두가 다른 삶을 살아가는 것
같지만 인생 전체를 놓고 보면 모두가 비슷비슷한 삶을 살아간다.
세세히 들여다보면 세상 사람 모두는 내가 겪는 것과 같은 아픔을

예외 없이 겪으며 살아간다. 그 아픔이 어느 시점에서 찾아오느냐가 다를 뿐 한평생을 사는 동안 고통을 모르고 사는 사람은 없다.

343 ∿ 분노

분노는 라틴어의 'resentive'에서 나온 말이다. 반복해서 느낀다는 뜻이다. 분노하는 사람은 분노를 되씹고 되새기곤 한다. 이것은 상대방에게보다는 분노하는 사람 자신에게 더 많은 해를 입힌다. 왜냐하면 이것은 그 사람의 영혼을 갉아먹도록, 분노하는 사람 자신이 먹이를 주고 있는 감옥이기 때문이다. 분노는 음험하고 직접적으로 이해관계에 영향을 준다.

344 ∿ 복수

부당한 대우를 받았다고 느낄 때 화를 내고 느낌을 소리로 표현하는 것은 건강하다는 징조이다. 하지만 '나는 옳고 너는 그르다'는 식의 우위적인 자세를 취하면서 이것을 자신의 정당성에 연결 시킬 때 문제가 된다. 상대방을 직면하고 확실한 태도를 취하는 대신 때때로 복수를 선호한다. 그에게 혹은 그녀에게 복수를 하는 것이 고통을 지워줄 것이라고 느낀다. 중요한 문제들에 대해서, 특히 오랫동안 분노를 품어왔던 상황에 대해서는 그때그때 편지를 써라. 자신의 분노를 분출시키고 자신의 감정을 분명하게 표현하라. 편지는 부치지 않아도 좋다.

345 ∿ 용서

자신을 용서하는 법을 배워라. 죄의식의 무거운 짐에서 벗어나서 인생을 가볍게 여행하라. 이것은 스스로에게, 그리고 자신이 사랑하는 사람들에게 줄 수 있는 가장 훌륭한 선물 중의 하나이다. 용서의 길은 짐 없이 여행하기에 가장 좋은 길이다. 종종 이것만이 자신을 과거의 사슬로부터 풀어 주는 유일한 방법이다. 스스로에게 용서를 선물하라. 그러면 자신이 정말로 원하는 삶을 자유롭게 살 수 있다.

346 ∿ 위기

사람은 어느 특정한 순간에 삶의 막다른 골목에서 겪게 되는 위기 상황을 계기로 진정한 인격체로 거듭 태어난다. 만약 거듭 태어날 수 있는 기회가 단 한 번도 주어지지 않는다면 잠재된 능력은 평생 깊은 곳에 묻혀 있을 수밖에 없다. 좋은 명성을 얻을 수 있는 기회는 고통이 바닥까지 치달은 상황 속에서 발견된다. 특히 능력 있는 사람일수록 위기를 극복하는 과정에서 보통 사람들보다 더 많은 것을 얻어 낸다.

347 ∿ 불행

작은 불행에 너무 놀라지 말라. 불행이 터지면 그 불행에 대한 집착에서 벗어나 더 큰 불행을 생각해 보아야 하고, 더 큰 불행이 예

고되어 있다면 지금의 불행을 다행으로 생각하고 감싸안아야 한다. 또 피할 수 없는 불행이 여럿 닥쳤을 경우에는 그 모두를 피하려 하기보다는 가장 작은 불행을 선택하여 받아들임으로써 벗어나야 한다.

348 〰️ 뇌물

모든 부정한 돈(뇌물)을 물리쳐라. 불량 식품이 내 살 되지 않듯이 부정한 돈은 결코 내 삶이 되지 않는다. 불량 식품을 먹고 탈 나면 화장실(병원) 들락거리며 고통 받아야 하고, 부정한 돈 먹고 탈 나면 경찰서 들락거리며 고통 받아야 한다.

349 〰️ 자만

아주 돈이 많은 사람은 남을 돕는 데 인색하고, 아주 머리가 좋은 사람은 공부하는 데 소극적이며, 아주 인물이 좋은 사람은 연애하는 데 미온적이다. 자신에게 너무 취해 있어 결핍을 느끼지 못하는 까닭이다.

350 〰️ 조건

무작정 환경만을 탓해서는 안 된다. 세상에는 애초부터 가난해서 가난뱅이가 된 사람도 있지만 가난했기 때문에 부자가 된 사람도 있다. 세상이 불공평한 것 같아 보여도 최후의 승자들을 두고 보면 그렇지가 않다. 그곳엔 언제나 유리한 조건을 가지고 출발했던 사람들과 불리한 조건을 가지고 출발했던 사람들이 보기 좋게 어우러져 있다.

351 〰 유산

잘사느냐 못사느냐는 유산이 결정할 일이 아니라 자신의 태도가 결정할 일이다. 비록 유산을 많이 물려받았어도 그것을 탕진하는 일에만 몰두한다면 가난뱅이로 전락하는 것은 시간 문제이고, 비록 유산을 물려받지 않았어도 스스로 노력한다면 부자가 되는 것은 시간 문제이다.

352 〰 편애

자녀를 우등과 열등으로 편을 갈라놓고 우등한 자녀만 사랑하는 우(愚)를 범하지 말라. 편식하면 결국 내 몸이 부실해지듯이 편애하면 결국 내 자녀만 부실해진다.

353 〰 자녀

편애(偏愛)도 자녀를 망치지만 익애(溺愛)도 자녀를 망치게 한다. 비판도 자녀를 망치지만 지나친 칭찬도 자녀를 망친다. 구박 속에서 자란 자녀는 마음이 꼬여서 망쳐지고, 과보호 속에서 자란 자녀는 마음이 풀려서 망쳐진다. 비판 속에서 자란 자녀는 사기가 떨어져서 망쳐지고, 지나친 칭찬 속에서 자란 자녀는 사기가 넘쳐서 망쳐진다.

354 〰️ 갈등

결혼을 하고자 할 때는 외모, 학벌, 재산, 가문과 같은 외적(外的)인 차이는 가볍게 보아 넘기는 대신에, 가치관의 차이, 성격의 차이 같은 내적(內的)인 차이는 꼼꼼히 따져 보아야 한다. 외적인 차이는 결혼의 성사 단계에서 잠깐 문제가 될 뿐이지만 내적인 차이는 살아가면서 두고두고 문제가 되는 것으로서 내적인 갈등이 얽히면 부부 생활을 지속하기가 힘들어진다. 외상(外傷)보다 속병이 더 위험하듯이 부부 생활에서도 외적인 갈등보다 내적인 갈등이 더 치명적이다.

355 〰️ 곁

자녀에게 좋은 옷을 입혀주고 용돈을 두둑이 주기보다 자녀 곁에 항상 있어 줘라. 부모는 존재 그 자체로 자녀에게 큰 위안이 되고 탈선을 막는 방패가 된다. 부모의 관심 속에서만이 자녀는 정서적 안정을 찾고 탈선의 필요성을 느끼지 않는다.

356 〰️ 분산

현재에 집중을 하라. 극단으로 치닫거나, 미래만을 생각하는 것을 멈추어라. 만일 안달하는 자신을 발견하게 되면 무슨 일이든 바쁘게 하라. 그것은 자신의 주의를 분산시킬 것이다. 신경 쓸 다른 무엇인가를 발견하라.

357 ⌒ 대처

상상력을 사용하라. 창조적이 되어라. 스스로를 믿는 법을 배워라. 그리하면 인생은 순리 대로 흘러갈 것이다. 자신에게 '나는 유능하고 대부분의 상황에 대처할 수 있지만, 통제 밖에 있는 상황들에 대해서는 아무것도 할 수 없다'는 사실을 상기시켜라. 기쁨은 걱정이 없는 상태다. 그러니 기쁨에 집중하라.

358 ⌒ 허풍

어떤 사람은 말이 입 밖으로 나오면 쓰레기가 되어 버린다. 그들은 말할 때 아무 생각 없이 나오는 대로 지껄이기 때문에 그의 말을 듣고 있노라면 세상 모든 것이 공허하고 의미가 없다. 그런데도 그들은 뻔뻔스럽게 사람들에게 갈채를 요구한다. 어떤 사람은 명예를 구걸하지만 어떤 사람은 자신의 명예를 차곡차곡 쌓아간다. 지혜로운 사람은 자신의 목표가 과욕에서 비롯된 것이라면 깨끗이 포기한다. 또한 자신의 양심을 버리면서까지 높은 지위와 명성을 엿보지 않는다. 뛰어난 재능과 지혜로운 두뇌를 가진 사람은 허영과 자만을 삼간다. 허황되고 상식에 맞지 않은 일은 비웃음거리만 낳을 뿐

원하는 결과를 가져다주지 못한다. 내실이 다져진 영웅이 사람들의 존경을 받는 까닭은 그의 인품과 재능이 성실한 땀으로 일구어진 것이기 때문이다. 마음의 허영을 버리고 자신의 길을 묵묵히 걷는 사람만이 강한 자부심을 가진 내실 있는 영웅이 될 수 있다.

359 ∽ 망신

망신을 당하는 이유는 간단하다. 그것은 말이 행동을 앞질러 가기 때문이다. 따라서 망신을 당하지 않는 방법도 간단하다. 그것은 말에 앞서 행동으로 보여 주면 된다.

360 ∽ 용퇴

공(功)이 있을 때 정상의 자리에서 내려와야 한다. 그래야 그 공이 영원히 공으로 남아 있게 된다. 공이 크다고 해서 그것을 빌미로 계속 눌러앉아 뭉그적거리면, 그간의 공은 모두 사라지고 장기 집권자라는 오명만 산 채 강제로 쫓겨나는 수모를 당한다.

361 ∽ 엇

자꾸 사람들과 반대 방향으로 엇나가는 사람은 그저 자기만 피곤하고, 결국은 사람들의 구박 덩어리가 된다. 지혜로운 사람은 대인관계에서 엇나가는 행위를 어떻게 조절해야 하는지 잘 안다. 하지만 어리석은 사람은 친절하고 호의적인 대화도 치열한 설전으로 바꾸어 버리는 타고난 능력을 가지고 있다. 그렇기 때문에 그들에게는 친구도 적인 셈이다. 맛있는 음식을 앞에 놓고도 사소한 결점을 들춰내어 즐거운 식사시간을 방해하는 사람은 같은 테이블에 앉은 일행의 구박 덩어리이다.

362 〰 인정

인정할 것은 깨끗하게 인정하라. 약자(弱者)가 강자(强者)를 공격할 수는 있으되 승리를 거머쥐지는 못하고, 무식자가 식자(識者)를 따져 물을 수는 있으되 앎을 뛰어넘지는 못한다. 패자가 승자를 비웃을 수는 있으되 승패를 뒤집지는 못하고, 게으른 자가 근면한 자를 헐뜯을 수는 있으되 처지를 뒤바꾸지는 못한다.

363 〰 일

성공하고 싶은가? 사는 보람을 한껏 느끼고 싶은가? 행복을 듬뿍 느끼고 싶은가? 그렇다면 열심히 일을 하라. 일 속에 그 모든 것들이 들어 있다. 일을 찾아서 일을 만들고 일을 즐겨서 하면 보람을 느끼고 성공을 이루며 누구보다 행복해진다. 비록 일을 하는 동안에는 힘이 들겠지만 그 일의 결과물을 완성시켰을 때 넘쳐흐르는 성취감이나 보람은 그 무엇과도 비교할 수 없을 만큼 값지고 뿌듯한 것이다. 인생에서 일을 빼내는 것은 행복의 90%를 빼내는 것과 같다.

364 ∽ 피땀

자수성가했다면서 돈을 헤프게 쓰고 다닌다면 그것은 거짓말이다. 한 벌에 백만 원이 훌쩍 넘는 옷을 선뜻 사는 사람이라면 그는 불로소득자임에 틀림없다. 피땀 흘려 돈을 번 사람은 돈에 대한 태도가 그렇게 경솔하지 않다. 그에게 돈은 액수로 인식되는 것이 아니라 피와 땀(노력)으로 인식되기 때문에 천원짜리 한 장도 열 번 생각하고 쓴다.

365 ∽ 능력

쉽게 해낼 수 있는 일보다는 좀 벅차 보이더라도 어려운 일에 도전장을 내야 한다. 능력은 불가능해 보이는 일을 끝까지 도전하여 성취해 내는 과정에서 쑥쑥 자란다. 지금까지 한 번도 해 본 적이 없었던 일을 자신의 몸속에서 묵고 있는 잠재력을 끌어내어 기꺼이 해낼 때 비로소 능력다운 능력을 가질 수 있게 된다.

366 ∽ 추측

예민한 관찰력과 분명한 판단력을 사용하고자 한다면 먼저 상대방의 겉모습부터 꿰뚫어보도록 하라. 타인을 이해한다는 것은 매우 미묘한 일이다. 금속을 소리로 판별할 수 있듯이 사람의 품성 또한 그 사람의 말과 행동으로 판단할 수가 있다. 말은 성품이 밖으로 표현되는 수단이고, 행동은 성품을 추리하기 위한 단서이다. 타인을 추측하는 과정에서 원하는 바를 모두 얻으려고 한다면 무엇보다도 신중함과 더불어 예리한 관찰력, 그리고 현명한 판단력이 반드시 필요하다.

367 〰 복

선량한 마음으로 살아가야 한다. 남에게 은혜를 베풀어 주는 것도 값진 일이지만 남에게 상처를 주지 않고 살아가는 것 또한 값진 일이다. 복(福)은 남에게 은혜를 베풀어 줄 때도 찾아들지만 남에게 상처 주지 않고 선량하게 살아갈 때도 찾아든다.

368 〰 허무

쌓는 데는 평생이 걸리지만 무너지는 데는 한순간으로도 족한 것, 그것이 명예다. 얻는 데는 10년 노력이 필요하지만 잃는 데는 하루 아침으로도 족한 것, 그것이 재물이다. 정 붙이는 데는 긴 만남이 필요하지만 등 돌리는 데는 단 한 번의 대면으로도 족한 것, 그것이 인간관계다.

369 〰 유행

유행은 대중의 환심을 끌어들이는 일이다. 만약 나의 행동이 시대와 맞지 않으면 사람들은 그 행동에 반감을 가질 것이고, 그것이 대중의 흐름과 엇나가는 것이라면 황당한 웃음을 터뜨릴 것이다.

게다가 대중이 좋아하는 유행을 나 혼자 비웃을 때는 대중의 비웃음 거리가 될 것이다. 결국 자신의 개인적이고 독단적인 성향 때문에 사람들과의 거리를 만들게 된다. 유행을 어떻게 따라가야 할지 모르겠다면 우선 자신이 둔하다는 사실을 숨기고 자신의 촌스러움도 겉으로 드러내지 말아야 한다. 궁극적으로 유행의 흐름을 경솔하게 평가해서는 안 되는 이유는 대중이 신뢰하는 허상이 대중의 희망으로 인해 현실이 될 수 있기 때문이다. 그것이 바로 대중의 힘이다.

370 〰 센스

분위기에 맞추어 줄 자신이 없으면 아예 그 자리를 피해 주는 것이 좋다. 그것이 계속 눌러앉아서 분위기를 망치고 있는 것보다는 몇 배나 낫다. 분위기에 맞추어 주는 것도 센스 있는 행동이지만 남들이 애써 만들어 놓은 분위기를 깨뜨리지 않는 것은 더 센스 있는 행동이다.

371 〰 아름다움

세상에는 정직하지 못한 사람이 많다. 게다가 현대 사회는 이미 거짓과 조작된 것들로 가득하기 때문에 사람들도 하나같이 모든 사물을 깊이 있게 이해하려 하지 않고 오직 겉모양밖에 볼 줄 모른다. 사회가 발달할수록 사람들은 점점 이런 늪에 깊이 빠져들고 있다. 그래서 안과 밖이 일치하는 경우는 빙산의 일각에 지나지 않는다. '보기 좋은 떡이 먹기도 좋다'라는 옛 속담처럼 내재된 아름다움 못지않게 외형적인 아름다움 역시 매우 중요하다. 그러므로 내재된 아름다움과 보기 좋은 겉모양을 함께 겸비하고 있어야 그 가치를 제대로 인정받을 수 있다.

372 ∽ 웃어라

나이가 들수록 유쾌하게 웃는 것에 더 많이 가치를 두어야 한다. 어리석음을 발견하는 것만큼 효과적으로 삶을 바라보게 하는 것도 없다. 웃는 것이야말로 우리들의 삶에서 절대 필요하다. 이것은 우리에게 양분을 주고 건강을 증진시킨다. 웃음은 면역 체계를 강화시키고, 감정적인 고통들로부터 벗어나게 한다. 우리는 행복해지기를 선택할 수 있다. 어떤 사람들은 행복은 선택의 문제가 아니라고 믿는다. 그들은 어느 누구도 일부러 불행하자고 결정하지는 않는다고 주장한다. 어떤 일이 생기든 그것은 그들의 통제권 밖에 놓여 있다고 믿는 것이다.

When you want to be wise

chapter **6**

지식은 정적인 문제를 해결하는 데 유용하고
지혜는 동적인 문제를 해결하는 데 유용하다

우리는 적어도
매일 한 곡의 노래를 듣고
한 편의 시를 읽고
한 폭의 그림을 감상해야 하며
가능하면 몇 마디
도리에 맞는 말을 해야만 한다.

― 요한 볼프강 폰 괴테

373 〰 함께

가장 즐거운 일이 생겼을 때 생각나고 가장 슬픈 일이 생겼을 때 생각나는 사람, 그가 만약 같은 또래의 동성이라면 친구 삼아 인생을 함께해도 좋고, 그가 만약 같은 또래의 이성이라면 배필 삼아 여생을 함께해도 좋다.

374 〰 베풂

재물을 쌓음에 덕 쌓는 일을 잊지 말아야 하고, 내 것을 챙기기 전에 베푸는 일을 잊지 말아야 한다. 창고에 재물이 가득 쌓여 있어도 덕이 없으면 손가락질 받기 알맞고, 아무리 내 것을 많이 챙겨 놓았어도 베푸는 것이 없으면 인심 잃기 알맞다.

375 〰 해량

세상을 살아가는 데에는 냉철하고 계산적인 머리보다 따뜻하고 너그러운 가슴이 필요하다. 따뜻한 가슴이어야 타인들의 깊디깊은 가슴속을 파고들어가 진실을 움직일 수 있고, 너그러운 가슴이어야 모순과 갈등으로 뒤범벅이 된 세상을 양보와 이해로 끌어안을 수가 있다.

376 〰 마음

항상 사랑하고 감사하며 배우는 마음을 가지고 살아라. 미워하는 마음보다 사랑하는 마음이 자신을 더 행복하게 하고, 불평하는 마음보다 감사하는 마음이 자신을 더 기쁘게 하며, 움켜쥐는 마음보다 베푸는 마음이 자신을 더 넉넉하게 한다.

377 〰 순수

아이 같은 마음과 아이 같은 눈망울로 사랑하는 사람에게 다가가라. 그리하면 뜨거운 포옹과 진한 키스를 받을 것이다. 세속적인 일에서는 지극히 속물 근성을 드러내면서도 사랑에서만은 순수(진실) 그 자체를 좋아하는 것이 인간의 본성이다.

378 〰 성찰

타인들의 얼굴에 숨겨져 있는 티를 찾아내려고 하기 전에 자신의 얼굴에 티가 없나를 살펴보아야 한다. 그래야 자신의 결점은 묻어 두고 타인들의 결점을 들춰내는 과오를 저지르지 않을 수 있고, 자신의 잘못을 타인들의 잘못으로 떠넘기는 엉뚱함을 보이지 않을 수 있다.

379 〰 구애

사랑하고 싶은 사람에게 구애(求愛)함에 있어서 외적인 조건에 구애(拘□)되지 말고 적극성을 보여라. 사람들은 흔히 인물 좋고, 학벌 좋고, 재산 많으면 좋은 사랑을 얻는다고 생각하지만, 실은 적극성을 보이는 사람이 좋은 사랑을 얻는다. 사랑은 적극성에 가장 먼저 정복되기 때문이다.

380 〜〜 형편

형편을 늘리려고 애쓰는 것보다 지금의 형편에 만족하려고 노력하는 것이 행복을 더 빨리, 더 많이 얻는 비결이다. 형편을 늘리려면 많이 기다려야 하고, 또 많은 노력이 필요하지만 지금의 처지를 감사히 받아들이면 기다리고 노력하지 않아도 행복은 즉시, 그것도 원하는 만큼 찾아든다.

381 〜〜 순리

모든 것을 자연스럽게 하라. 물이 내를 따라 흐르듯 생활도 돈 버는 것도 인간관계도 자연스럽게 하고, 사랑도, 결혼도, 우정도, 공부도 자연스럽게 하라. 억지로 하면 탈 난다. 부자연스러우면 막힌다. 하기 싫어하는 공부 억지로 시키니까 자녀가 가방만 들고 왔다 갔다하는 얼치기가 되는 것이고, 내키지 않은 결혼 억지로 하니까 신혼부부가 매일 밤 보따리를 쌌다 풀었다 하는 것이다.

382 〜〜 친구

나무의 그늘을 이용하듯 친구도 그 그늘(정신적 가치)만 이용토록 하라. 당장 땔감이 필요하다고 해서 나무를 베어 버리면 더울 때

땀을 식힐 곳이 없어지듯이, 당장 물질적인 이익이 필요하다고 해서 친구를 이용해 먹으면 어렵고 힘들 때 마음 놓고 의지할 곳이 없어진다.

383 ⟬⟭ 훼방

인간 대 인간으로서 만날 때는 교육기관을 통해서 배운 지식은 뒤로 감춰 두고 순수한 자연인으로 돌아가라. 교육을 통해 배운 지식은 직장이나 전문 분야에서는 꼭 필요하지만 인간관계에서는 그리 필요하지 않다. 오히려 그것은 마음과 마음을 잇는 데 훼방꾼이 될 수 있다.

384 ⟬⟭ 선악

태어날 때의 인간은 선(善)하지도 악(惡)하지도 않다. 모든 인간은 아무것도 녹화되지 않은 테이프처럼 깨끗한 상태(마음)로 태어난다. 그 깨끗한 마음에 선을 담느냐 악을 담느냐에 따라서 인간은 선해지기도 하고 악해지기도 한다. 마치 공테이프에 건전한 내용을 담으면 건전 비디오가 되고, 음란한 내용을 담으면 음란 비디오가 되는 것처럼.

385 ⟬⟭ 불안

불안감을 해소하기 위해서는 그것을 해소하기 위한 더 이상의 행위를 하지 말아야 한다. 불안감을 해소하기 위해서 하는 행동 자체가 또 다른 불안감을 조장하는 행위가 되기 때문에 그런 행동을 하면 할수록 불안감이 해소되기는커녕 더욱 늘어나게 된다.

386 ∿ 허언

선거 때 돈을 물 쓰듯 쓰면서 깨끗한 정치를 하겠다고 목청을 높이는 후보자, 밑진다고 엄살떨면서 물건 파는 장사꾼, 결혼하면 손에 물 한방울 안 묻히게 해주겠다고 허풍 떠는 남자. '이때까지 저는 집하고 학교하고 직장밖에 모르고 살았어요' 하며 알랑방귀 뀌는 요조숙녀, 첫날밤에 손만 잡고 잤다고 능글맞게 말하는 신혼부부, 하루에 밥 한 공기밖에 안 먹는다고 잡아떼는 뚱뚱녀, 시집 안 가고 엄마 아빠하고 평생 같이 살겠다는 철부지 딸, 단둘이 있다가 들켰을 때 '우리 아무 짓도 안 했어요' 하고 선수 치는 청춘 남녀, 이들의 공통점은 뻔한 거짓말을 하고 있다는 것이다.

387 ∿ 기대

자신에 대한 뭇사람의 기대감을 오랫동안 유지시켜라. 사람들은 내가 더 큰 성취를 이룰 수 있기를 바라는 기대감 때문에 나에게 집중한다. 그러므로 전부를 보여 주고 다른 가능성을 쉽사리 단정 짓게 하지 말라. 무슨 일을 하든지 자신의 일부를 감추고 있어야 이루고자 하는 목표를 보다 효과적으로 달성할 수 있다.

388 〰 인정

인정할 줄 아는 멋진 연습을 시작하라. 하지만 그렇게 하기 전에 주의할 것이 한 가지 있다. 어떤 보답을 얻기 위해 인정을 하는 것은 하나의 위선이다. 그러니 자신의 의도를 점검하라. 진정한 인정은 무조건적이다. 사람들을 인정하는 데는 수 없이 많은 서로 다른 방법들이 있다. 자신이 얼마나 창의적이 될 수 있고, 적어도 매일 한 사람을 인정하는 일을 습관처럼 할 수 있는지 한번 보라. 인정과 격려, 이것들을 필요로 하는 사람에게 그보다 더 위대한 것은 없다.

389 〰 맴돎

행복이 멀고 특수한 곳에만 있는 것으로 생각하지 말라. 행복은 늘 주위에서 맴돌고 있다. 다시 말해, 행복은 특별한 상황 하에서만 생기는 것이 아니고 일상생활 속에 숨어 있는 것이다. 이처럼 행복이 일상생활 속에 숨어 있기 때문에 우리들은 무심코 지나치기 쉽다.

390 〰 사소함

불행이 사소한 무관심에서 출발하듯이 행복도 사소한 관심에서부터 출발한다. 출퇴근 때 아내에게 간단한 키스를 해 준다면 이혼을 막을 수 있고, 자녀가 공부하고 있을 때 엄마가 과일을 깎아서 갖다 주게 되면 자녀가 비행으로 나가는 것을 막을 수 있으며, 평소에 음식을 조심하면 큰 병을 막을 수 있다. 이처럼 사소한 것들을 실천에 옮김으로써 큰 불행을 막을 수 있음과 동시에 행복을 얻을 수 있다.

391 〜 단련

지금 배고프고, 외롭고, 고통스러우며, 이별의 아픔을 겪고 있다고 하여 자신이 너무 불행하다고 생각하지 말라. 그것은 분명 더 많은 행복을 가져다주기 위해서 단련을 시키고 있는 중이니까.

392 〜 의도

깊이 숨겨둔 진짜 의도는 신중하게 생각해서 정도껏 드러내야 한다. 절대 쉽게 드러내서는 안 된다. 더욱이 책략의 기술은 사람들의 의심을 모으고 화나게 할 수도 있기 때문에 더욱 더 신비하게 포장해야 한다. 일을 할 때는 신중히 생각하고 행동해야 많은 것을 얻을 수 있다. 어떤 행동 하나가 타당한지 아닌지 반성해 보는 일은 매우 중요하다. 그리고 이렇게 자신을 판단할 때는 나의 행동이 얼마나 주도면밀했는가를 기준으로 삼아야 한다.

393 〜 돈

사람은 모름지기 돈에 대한 생각과 태도가 좋아야 한다. 돈에 대한 태도가 좋지 못해서는 좋은 인격도 갖출 수가 없고 타인들로부터 좋은 평가도 받을 수가 없다. 돈은 소유자의 인격과 직결되어 있어서 돈을 가지고 치사하게 굴면 그 사람의 인격도 더불어 치사해 보이고, 돈을 가지고 좀스럽게 굴면 그 사람의 인격도 더불어 좀스러워 보인다.

394 ⌒⌒ 말

음식은 따뜻한 곳에 내놓지 말고, 진실 아닌 말은 타인들 입에 내놓지 말라. 음식은 따뜻한 기온에서 쉽게 변질되고, 말은 타인들의 입에서 쉽게 변질된다. 내 입에서 나온 한 마디는 타인들의 입에서는 변질되고 부풀려져서 열 마디가 된다.

395 ⌒⌒ 숙달

한 번도 제대로 해 본 적이 없었던 일이라고 지레 겁먹거나 포기하지 말라. 익숙해지지 않은 모든 일은 처음에는 불가능해 보인다. 그러나 그것도 굳은살 박힐 때까지 노력하면 곧 손쉬운 일로 변하고 만다.

396 ⌒⌒ 억지

'나 아니면(없으면) 안된다'는 식의 억지를 부리지 말라. 오히려 나 때문에 더 안될 수도 있고, 내가 뒤로 물러나 주면 더 잘될 수도 있다. 조직(특히 정치 집단)에서 나 없으면 안된다고 설쳐대는 사람이 그 조직에서 제일 먼저 없어져야 할 사람인 경우가 의외로 많다.

397 ⟶ 귀결

배부르고 등 따뜻하면 그 다음에 몰려오는 것은 하품과 잠이다. 돈 많고 할 일 없으면 그 다음에 생각나는 것은 술과 이성이다.

398 ⟶ 걱정

자식을 낳아 놓고 자식 걱정 던 사람이 없고, 재물을 얻어 놓고 재물 걱정 던 사람이 없다. 자식은 없어도 걱정이고 있어도 걱정이고, 재물은 없어도 걱정이고 있어도 걱정이다. 어디 이뿐이겠는가! 세상 모든 것이 없어도 걱정이고 있어도 걱정이니, 어느 누구도 걱정으로부터 완전히 해방되어 살아갈 수는 없다.

399 ⟶ 인연

놓아줘서 떠나는 사람, 잡지 말라. 그는 이미 마음이 떠나 있으니 잡고 있어 봐야 내 사람이 아니다. 놓아줘도 품속으로 파고드는 사람, 그가 진정한 내 사람이다.

400 ⟶ 틀

사람들은 저마다 나름대로의 관점을 가지고 있고, 갖가지 다른 이유로 자신의 관점을 지지한다. 또한 사람의 관점은 항상 감정의 지배를 받기 때문에 오랜 시간 동안 치열하게 논의를 하다 보면 이성적으로 판단하지 못하고 자신의 의견만 고집하는 경우를 종종 발견할 수 있다. 만약 감정의 지배를 받는 경우에 놓인다면 맹목적으로 고집하지 말고 시기와 상황을 합리적으로 잘 살펴서 자신의 관심을 되짚어 보라. 경우에 따라서는 전혀 상반된 각도에서 자신의 관점을 설명하거나 다른 사람의 입장에서 해결의 실마리를 찾아보는 것도 큰 도움이 된다. 절대 어느 한 가지 틀에 자신을 가두고 독단적이고 맹목적으로 생각해서는 안 된다. 항상 이성적인 마인드를 잃지 않고 타인의 비난에 대처하며 자신을 보호할 줄 알아야 한다.

401 ❤️ 확지

알려거든 확실하게 알아라. 확실하게 아는 사람은 말도 적고 언성도 부드러워지는 반면, 확실하게 모르는 사람일수록 말도 많고 언성도 높아진다. 또 확실하게 알면 뜻을 관철시키거나 굴복하거나 둘 중에 하나를 선택하지만 확실하게 모르면 무턱대고 우겨대기만 한다.

402 ❤️ 효과

효과가 좋은 것일수록 그 적용에 신중을 기해야 한다. 최대의 효과를 얻으려면 최선의 처방이라 할지라도 남발하지 말고 결정적인 순간에 사용해야 한다. 지금 당장 효과가 좋다 하여 남발하게 되면 그 효과는 점점 상실되어 무용지물이 되고 만다. 진통제도 가끔씩 먹어야 효력이 있는 것이지 밥먹듯이 매일 먹게 되면 나중에는 효과가 없어져서 한 알 먹어도 될 것이 두 알 세알 먹어야 효과가 나타난다.

403 〰️ 각성

고통을 겪어 보지 않고서 내가 지금 누리고 있는 삶이 얼마나 행복한 것인가를 안다는 것은 값진 일이다. 병상에 누워 보지 않고서 몸뚱이 성한 것이 얼마나 큰 복인가를 안다는 것은 더욱 값진 일이다. 죽어 보지 않고서 살아있음이 얼마나 아름다운 것인가를 안다는 것은 더더욱 값진 일이다. 허나 사람들은 당하고 나서야 뼈저리게 깨닫는다.

404 〰️ 욱

욱하는 성질로 세상을 살지 말라. 그것은 위험하게 세상을 사는 것이다. 끓어오른 분노를 욱하고 쏟아내는 사이 삶은 가장 많이 다쳐진다. 몸뚱이도 그때 다쳐지고, 인격도 체통도 그때 다쳐지고, 심지어 살인도 그때 저질러진다. 평생의 후회거리도 욱하는 순간에 만들어진다.

405 ～～ 기준

사람마다 가치 기준이 다르고 보는 각도가 다르긴 해도 악한 것보다는 선한 것이 낫고, 뻣뻣한 것보다는 부드러운 것이 낫고, 무식한 것보다는 유식한 것이 낫고, 못생긴 것보다는 잘생긴 것이 낫고, 가난뱅이보다는 부자가 낫고, 남보다는 동기간이 낫고, 무명(無名)보다는 유명(有名)이 낫다.

406 ～～ 처신

우리가 갖고 있는 것 중에서 영원한 것은 없다. 우리가 그토록 애지중지하고 있는 모든 것들은 언제 이슬처럼 사라질지 모른다. 대단하다고 여기며 무자비하게 휘두르고 있는 권력도, 돈 많다고 떵떵거리는 으스댐도 언제 역으로 당할지 모르는 아슬아슬한 것이다. 따라서 처지가 뒤바뀌었을 때 역으로 당하지 않으려면 지금 당장 으스대거나 얕잡아 보는 행위를 그만두어야 하고, 높은 자리에서 물러났을 때 몸을 떳떳이 내놓으려면 높은 자리에 있을 때 충분히 몸을 도사려 놓아야 한다.

407 ～～ 결핍

사랑이 부족하다고 생각하는가? 그러면 그럴수록 자신을 더 많이 사랑해 주도록 하라. 사랑을 받지 못한다고 해서 자신도 사랑해 주지 않는 것은 사랑 결핍을 더욱 부채질하는 것이 된다. 사랑 결핍은 사랑을 못 받아서뿐만 아니라 자신이 사랑하지 않는 데에도 그 절반의 원인이 있기 때문이다.

408 〰 건강

일이 많아 바쁠 때는 몸을 돌보는 일에 신경 써야 하고, 일이 없어 한가할 때는 마음을 돌보는 일에 신경 써야 한다. 바쁠 때는 일에 쫓겨 몸 돌보기를 소홀히 하다가 육체 건강을 다치기 쉽고, 한가할 때는 잡념에 빠져 소일하다가 정신 건강을 다치기 쉽다.

409 〰 금지

사랑 없이 결혼하지 말라. 연달아 일어나는 후회를 잠재울 길이 없다. 덕(德) 없이 감투 쓰지 말라. 사방에서 쏟아지는 비난을 막을 방책이 없다. 신용 없이 거래 트지 말라. 돌아오는 손해를 감당할 재간이 없다. 신념 없이 일을 시작하지 말라. 시시각각 이는 포기의 유혹을 떨쳐낼 방법이 없다.

410 〰 지위

사람은 인간 본연의 한계를 극복할 수 없다. 상식적으로도 완벽한 사람이란 세상에 존재할 수 없음에도 사람들은 모두 완벽한 삶을 얻기 위해 안간힘을 쓴다. 그렇다면 여기에서 말하는 '완벽함'이란 무엇인가? 재능, 성격, 인품, 능력? 실제로 현대 사회에서 높은 지위는 그 사람에게 힘과 재력을 가져다주지만 참다운 인품으로는 그만한 지위만큼 대접받지 못한다. 그러나 사회적 지위는 표면적인 이익에 지나지 않다는 사실을 명심하라. 남들이 우러러보는 사회적 지위를 가지고 있는 사람이라도 그의 재덕이 지위에 상응하지 못하여 경솔하게 행동하다가는 결국 큰 죗값을 치르게 된다. 어리석은 사람은 지나치게 무모하지만 지혜로운 사람은 계획적이고 현실적이다.

411 〰 뇌동

군중 심리에 휩쓸리지 않도록 주의하라. 사람의 태도는 혼자 있을 때와 여럿이 있을 때 이상하리만큼 달라진다. 혼자 있을 때는 샌님 같은 사람도 여러 사람들 틈에 끼면 갑자기 활달해지고, 혼자서는 술집 문 앞에도 가지 못하는 사람이 둘 셋만 모이면 더한 곳도 스스럼없이 찾아 간다. 묘하게도 여럿이만 모이면 수치심이 사라지고 쓸데없는 만용이 생겨 브레이크 풀린 자동차처럼 이성 잃은 행동을 해댄다.

412 〰 욕심

대통령 자리도 채우지 못하는 욕심, 돈도 그 자리를 채우지 못한다. 그 자리를 채울 수 있는 것은 그것들을 태연히 놓아 버릴 수 있는 내 조그마한 마음뿐이다.

413 〜〜 비양심

콩 속에 독약이 들어 있는 줄도 모르고 쪼아 먹다가 들판에 쓰러지는 새처럼, 뇌물 속에 망신살이 뻗쳐 있는 줄도 모르고 덥석 받아 챙겨 먹다가 쇠고랑을 차고 국민 앞에 머리를 조아리는 비양심, 울부짖다가도 먹을 것을 던져 주면 조용해지는 동물처럼 법 대로 하겠다며 날뛰다가도 뇌물을 찔러 주면 잠잠해지는 비양심, 조수(鳥獸)와 뭐가 다를까.

414 〜〜 원칙

원칙을 가진 사람의 호감을 얻어라. 그들은 마음에 거리낌이 없어 공정한 태도로 나를 대할 것이다. 소인배를 상대하는 것은 우정이라 할 수 없다. 그들은 일에 임하는 책임감이 없기 때문에 달면 취하고 쓰면 가차 없이 뱉어 버리기 일쑤다. 악랄한 소인배를 멀리하고 원칙 있는 사람과 어울려라. 악랄한 소인배는 신념이 없으므로 기본적인 도덕의식도 갖고 있지 않다.

415 〜〜 놓기

더러 놓아주고 더러 나누어 주어 마음을 가볍게 만들어라. 짐이 가벼워야 여행의 기분을 한껏 높일 수 있듯이 마음이 새털처럼 가벼워야 세상 사는 맛을 한껏 음미할 수 있다. 짐을 너무 많이 챙겨 가면 그것에 신경 쓰느라 여행의 기분을 망치듯이, 세속적인 것들에 너무 많이 얽매여 살면 그것들에 신경 쓰느라 인생의 참 가치를 많이 놓친다.

416 〰️ 행복

행복이란 결코 특별한 것이 아니다. 단칸 셋방에서 두 칸 셋방으로 옮겨가는 것이 행복이고, 에어컨 없이 살던 사람이 에어컨 들여놓는 것이 행복이고, 32인치 TV에서 47인치 TV로 바꾸는 것이 행복이고, 단벌 신사가 옷 한 벌 더 장만하는 것이 행복이고, 30등 하던 자녀가 20등으로 오르는 것이 행복이다. 이처럼 평범하고 소박한 것, 그것이 우리들이 애타게 찾고 있는 행복이다.

417 〰️ 처세

모든 것을 적당히 탐하라. 적당히 탐하는 일에는 근심이 끼지 않는다. 모든 일을 공정히 처리하라. 공정히 처리하는 일에는 불만이 일지 않는다. 모든 행동을 투명하게 하라. 투명한 행동 뒤에는 의심이 따르지 않는다.

418 〰️ 눈대중

세상에는 길이를 잴 수 있는 눈금자가 있고, 무게를 달 수 있는 저울이 있다. 하지만 사람들이 그것보다 더 많이 사용하는 것은 눈대중이다. 눈대중으로 길고 짧음을 재고, 눈대중으로 무겁고 가벼움을 단다. 그래서 가끔은 똑같은 것을 두고도 시비가 일기도 하지만, 세상이 각박하지 않고 인심이 후한 것은 그래도 눈대중으로 세상을 재기 때문이다.

419 〰 우정

친구는 귀족 풍으로 대하지 말고 서민 풍으로 대하라. 그래야 우정이 질펀하게 이어진다. 우정을 도탑게 하는 데는 고급 요정에서 마시는 양주 한 잔보다 포장마차에서 걸치는 소주 한 잔이 훨씬 낫다.

420 〰 별일

'무슨 일이야?'라고 물었을 때 '별일 아니야'라고 대답한다면 별일이 난 것이니 경계를 늦추지 말라. 정말로 별일이 아닐 때는 '응 ～ 일이야'하고 곧이곧대로 말하고, 별일일 때는 '별일 아니야'하고 부정부터 하는 것이 사람의 심리이기 때문에 미리 알아채지 않으면 뒤통수를 얻어맞는다.

421 〰 신

실패 없이 성공을 이룬다면 그는 신(神)일 것이다. 실수 없이 바른 행동을 한다면 그 역시 신일 것이다. 시련 없이 값진 인생을 산다면 그 또한 신일 것이다. 실패와 실수·시련을 겪지 않고 사는 사람은 인간세계엔 없으니까.

422 〰 실패

실패를 두려워하지 말라. 야구가 확률 게임이듯 인생 역시 확률 게임이다. 열 번 도전해서 세 번 성공하면 아주 잘한 것이고, 한 번만 성공을 거둔다 해도 인생은 성공으로 장식된다. 딱 한 번 성공해서 훌륭한 인생을 살아가는 이들이 우리 주위에는 너무나 많다.

423 〰 능숙

뛰어난 말솜씨와 민첩한 행동을 겸비하라. 궁지에 몰렸을 때 이판사판으로 달려드는 사람은 결코 그 상황을 극복할 수 없다. 전후 과정을 빠르게 감지하고 침착하게 상대방을 이해시키는 사람이 원하는 바를 얻을 수 있다. 이렇게 자신의 뛰어난 재기를 재빨리 발휘하여 난관을 극복하는 자세가 중요하다. 그러나 자신의 장점을 활용하지 못하고 소극적으로 다른 사람에게 끌려 다니면 좋은 성과를 얻을 수 없다. 진정한 승리자는 싸움에서 뛰어난 말솜씨와 민첩한 행동으로 상대방을 제압할 수 있는 결정적인 기회를 놓치지 않는다.

424 〰 잔재주

잔재주를 부리는 일에 너무 많은 시간을 빼앗기지 말라. 잔재주는 말 그대로 잔재주일 뿐이다. 잔재주야말로 인생에는 그리 도움이 되지 않는 것이니, 취미 생활 정도로만 살려야 한다. 그 이상 발전하여 시간과 노력을 너무 많이 빼앗겨 버리면 정작 사회에서 필요한 사람이 될 수 없다.

425 〜〜 성공

내가 보유하고 있는 기술보다 앞선 요구 사항을 받고 일에 끌려 다니지 말라. 즉, 어떤 일에 임하든지 나에 대한 대우가 나의 기술에 비해 다소 박하다는 인상을 심어 주어야 한다. 그러기 위해서는 나의 분야에서 요구하는 뛰어난 능력을 보유하고 그 능력을 적절히 드러내는 요령도 간파하고 있어야 한다. 도량이 작은 사람은 어려운 일이 겹치면 겹칠수록 무거운 부담을 느끼고 결국 일을 망쳐 자신의 명성도 잃고 만다. 그러나 위대한 왕이 실패를 거듭하면서도 훌륭한 업적을 남길 수 있는 이유는 스스로 자신이 군왕이라는 사실에 자부심을 갖고 스스로 용감한 사나이라는 최면을 걸었기 때문이다. 위대한 성공을 거두기 위해서는 훌륭한 기술뿐만 아니라 강인한 정신력과 반드시 이룰 수 있다는 자신감도 갖추어야 한다.

426 〜〜 만능

재능을 평가할 때 '중용(中庸)'을 기준으로 삼는 것은 문제를 극단적으로 정의하지 않기 위해서이다. 만물은 '완벽한 경지'에 이르기 위해 힘써 노력하나 그 경지에 이르는 것만이 전부는 아니다. 내가 완벽함을 드러내는 순간 그 완벽함은 반으로 줄어들어 버린다.

즉, 완벽함을 드러내는 일은 오히려 많은 부분을 버리고 극히 일부분을 취하는 것에 불과하다. 횃불은 밝히면 밝힐수록 소모되는 에너지가 많다. 그리고 그 에너지가 유지되는 시간도 점점 짧아진다. 자신이 드문 인재라고 평가될 때 나의 가치가 높아진다는 사실을 명심하라.

427 ～～ 공부

자녀의 입에서 글 읽는 소리가 흘러나오면 기운이 펄펄 나고, 유행가 부르는 소리가 흘러나오면 어깨가 축 처지는 부모가 되어서는 안 된다. 자녀의 능력과 적성은 고려해 보지도 않은 채 '공부 공부'를 외쳐대서는 자녀에게 깔끔한 인생을 엮어가게 할 수 없다.

428 ～～ 연륜

세상에 무시하지 못할 것이 연륜이다. 그것은 단 하루도 건너뛰지 않고 쌓은 세월의 계급장이요, 단 한순간도 빠뜨리지 않고 쌓은 경험의 축적으로서, 그 어떤 것으로도 따라잡지 못한다. 지식은 지식을 추월할 수 있어도 연륜은 연륜을 추월하지 못한다.

429 ～～ 인품

자녀의 인품은 태어나는 것이 아니라 부모에 의해서 만들어진다. 꽃밭에 들어가 있으면 꽃 향기가 몸에 배고, 화장실에 들어가 있으면 화장실 냄새가 몸에 배듯이, 어진 부모와 살면 어진 자녀가 되고, 천박한 부모와 살면 천박한 자녀가 된다.

430 〰 알뜰

한 푼 두 푼 아니 모아서 부자 된 사람 없고, 한 섬 두 섬 아니 모아서 천석꾼 된 사람 없다. 부자는 뭉칫돈이 굴러들어서 되는 것이 아니라 한 푼 두 푼 피나게 모은 대가로 되는 것이고, 천석꾼은 쌀가마니가 굴러들어서 되는 것이 아니라 한 섬 두 섬 알뜰히 모은 대가로 되는 것이다.

431 〰 습관

돈이 어떻게 작용하는지를 배워라. 일주일에 한 시간을 공부하는 데 투자하라. 성공한 사람들은 성공적인 습관을 가지고 있다. 성공하지 못한 사람들은 이런 습관을 가지고 있지 않다. 자신이 바꾸고 싶은 습관이 무엇이든, 욕망과 예외 없는 방침이 결합된 매일매일의 훈련은 그 대가를 틀림없이 지불한다. 돈에 관한 마지막 말 한마디! 스스로를 교육시키는 일을 확실하게 하라. 자신을 위한 금전 목표를 세워라. 만일 결혼을 했다면 부부가 함께 관여할 수 있는, 재정적으로 흥미가 가는 목표들을 세워라.

432 〜〜 본때

'돈 벌면 두고 보자', '돈 벌면 본때를 보여 주겠다'는 보복 심리를 가지고 돈을 벌어서는 안 된다. 그것은 결코 자신을 위하는 것이 아니다. 결심 대로 돈을 많이 벌어 있는 체하고 거만하게 굴어 보았자 돌아오는 것은 지독한 비아냥거림과 고까운 눈총일 뿐 그 이상 아무것도 아니다.

433 〜〜 관심

생각할 줄 아는 자녀, 돈만으로는 키우기 힘들고, 두 발 달린 자녀, 윽박질만으로는 다스리기 힘들다. 굽은 생각 다스려 올곧은 자녀 만들자면 사랑을 아끼지 말아야 하고, 삐뚤어진 발길 바로 돌려 정도(正道) 걷는 자녀 만들자면 관심을 끊지 말아야 한다.

434 〜〜 배려

편안한 수면을 원하는 사람은 자신이 먼저 잠들기 전에 옆 사람이 먼저 잠들 수 있도록 배려한다. 옆 사람이 잠 못 들고 뒤척이면 자신도 편안히 잘 수 없다는 것을 알기 때문이다. 편안한 삶을 원하는 사람은 자신이 먼저 편안해지기 전에 주위 사람들이 먼저 편안하게 살아갈 수 있도록 배려한다. 주위 사람들이 안정을 찾지 못하고 혼란스러워 하면 자신도 편안하게 살 수 없다는 것을 알기 때문이다.

435 〰 시선

내 눈을 가렸다고 해서 타인들의 시선을 따돌렸다고 생각하거나 내가 보지 않는다고 해서 타인들도 나를 보지 않는다고 생각해서는 안 된다. 타인들의 시선은 내 시선과는 상관없이 나를 주시하고 있으며, 그들은 내가 미처 보지 못한 곳까지 집중해서 들여다보고 있다.

436 〰 두려움

두려움은 대개 새로운 모험을 시작하려고 할 때 찾아온다. 그리고 두려움의 수준은 그 모험의 크기에 비례한다. 변화가 작은 것이라면 두려움 또한 그리 크지 않다. 하지만 자신이 무엇인가 인생에서 중요한 변화를 계획하고 있다면 두려움 역시 훨씬 커지기 마련이다.

437 〰 시련

시련을 당당하게 받아들여라. 생선 가시를 통째로 씹어 먹으면 오히려 가시에 걸리지 않듯이, 시련을 피하지 않고 당당하게 맞서면 시련에 굴복 당하지 않는다. 시련을 피하려고 요리조리 꽁무니를 빼면 오히려 시련에 쉽게 굴복 당한다. 시련에 당당히 맞서면 집 채 만한 시련도 주먹 만한 시련으로 느껴져 쉽게 극복해 낼 수 있지만, 시련을 피하려고 꽁무니를 빼면 주먹 만한 시련도 집채 만한 시련으로 느껴져 스스로 굴복 당하고 만다.

438 ⌒⌒ 벗

한 사람을 벗으로 만들고 싶으면 그에게 허점을 보여 주어야 한다. 그것은 그가 들어올 수 있도록 자리를 만들어 주는 것이고, 그에게 친구 같은 냄새를 풍겨 주는 것이다. 완벽함을 보란 듯이 내보이는 것은 그가 들어올 틈을 빼앗는 것이고 경계의 빌미를 주는 것이다.

439 ⌒⌒ 어리석음

지금의 일상생활 자체를 행복하다고 느껴라. 지금 따뜻한 곳에서 잠자고 있는 것도 행복이고, 지금 건강한 자체도 행복이며, 지금 맛있는 음식을 먹고 있는 것도 행복이다. 또 지금 할 일이 있다는 것도 행복이고, 지금 직장에 다니고 있는 것 자체가 행복인 것이다. 이처럼 모든 일상생활은 행복 덩어리이다. 그러나 어리석은 사람은 이런 것들은 당연히 그렇게 되는 것처럼 생각하며 그 행복을 느끼지 못한다.

440 ⌒⌒ 비판

타인을 비판하지도 말고 타인들로부터 비판 받을 일도 하지 말라. 타인을 비판하지도 않고 타인들로부터 비판 받지도 않는 삶을 살고 있다면 의심 없이 훌륭한 삶을 살고 있는 것이다.

441 ∼∽ 무심코

행복한 사람과 불행한 사람의 차이는 어떤 근본적이고 중대한 차이가 있기 때문이 아니고, 일상생활을 하는 가운데 무심코 지나치는 것, 그것을 발견하느냐 못하느냐에 따라서 결정된다. 즉 자신의 주위에서 맴돌고 있는 행복을 발견한 사람은 행복한 사람이고, 마치 행복은 멀고 특별한 곳에만 있는 것으로 착각하여 자신의 주위에 있는 행복을 발견하지 못하고 무심코 지나친 사람은 불행한 사람이다.

442 ∼∽ 억압

힘으로 사람을 다스리지 말라. 그리하면 몸은 따를지 몰라도 마음은 멀어진다.

443 ∼∽ 원인

우리는 자기가 가진 것은 과소평가하고 남이 가진 것은 과대평가하여 남을 닮으려고 노력한다. 그러다 그것이 뜻대로 되지 않으면 괴로워하고 마치 자신은 불행한 사람이 된 것처럼 실의에 빠져 든다. 이러한 불행은 자기 자신이 불러들인 것이고, 그 원인은 나보다 나은 사람만 바라보면서 살아가기 때문이다.

444 〰 바보

현실에 대하여 행복을 느끼지 못하고 불평불만을 늘어놓는 어리석은 자들아! 이제부터는 자유롭게 걸어 다니는 것만으로도 행복을 느낄 줄 알아야 한다. 다리가 부러져 걷지도 못하고 병실에 누워 있으면서 자유롭게 걸어 다닐 때가 행복했었다고 깨닫는 바보가 되어서는 안 된다.

445 〰 호감

어떤 사람을 좋아하거나 싫어하는 감정은 대부분이 무의식적인 작용의 결과이지만 그렇다고 해서 우연한 일이라고만 단정할 수는 없다. 그런 감정의 상태를 실제로 의식하지 못하는 경우가 많기 때문에 특별한 이유나 원인이 없는 것처럼 보이지만 세상의 모든 일이 그런 것처럼 사람의 변화무쌍한 감정도 그 밑바닥을 면밀하게 살펴보면 필연적인 이유나 원인이 발견된다. 누군가에게 호감을 받으려면 그 사람이 좋고 신나는 상황에 있을 때 말을 걸어야 한다. 그래야 상대방은 긍정적인 감정을 갖게 된다. 일상적인 삶의 공간에서보다 여유롭고 즐거운 여행지에서 사람들은 상대방에 대하여 우호적인 마음을 가지게 된다.

446 〰 호의

상대가 나에게 사소한 호의를 베풀 수 있도록 배려하라. 그러나 의

무감에서 호의를 베푸는 것이 아니어야 한다는 것을 확인해야 한다. 이렇게 하는 것은 나를 더욱 좋아하게 하는 무의식적인 동기가 된다.

447 〰 매력

젊음은 인간에게 부여된 거의 완벽한 매력이다. 육체적 매력이 최고조에 이르는 순간도 젊은 시절이다. 그러나 나이를 들었을 때도 젊어 보일 수 있는 희소식이 있다. 걸음걸이에 따라 사람은 얼마든지 젊게 보일 수 있다. 걸음걸이는 외형적인 매력에 한몫을 톡톡히 한다. 해답은 바로 유연성에 있다. 유연성을 기르는 것은 자신의 매력을 눈에 띄게 증가시키는 가장 효율적인 방법이다. 요가와 같은 운동은 유연성을 대단히 증가시켜 전반적인 자세와 걷는 모습을 완전히 다르게 바꿔 준다. 그렇게 바뀐 나의 모습에서 사람들은 새로운 매력을 발견하게 된다.

448 〰 감정

정말로 법대로 할 의사가 없다면 아무리 화가 나도 '법대로 해'하고 감정을 부려서는 안 된다. 그것처럼 무책임하고 몰인정한 말도 없어서, 그런 말을 듣는 순간 상대는 정나미가 떨어져 인정을 딱 끊어 버린다.

449 ～～ 변화

하룻밤에 자신의 운명을 변화시킬 수는 없지만, 방향을 전환시킬 수는 있다. 변화를 주는 것은 곧 자신의 삶을 획기적으로 개선시킬 수 있는 기회를 제공한다. 우리는 건강, 인간관계, 직업, 재정, 행복의 수준을 향상시킬 수 있으며 미래를 향해 낙관적인 희망을 가질 수 있다. 변화하기 위해 필요한 것은 스스로가 올바른 선택을 하고 있다는 확신을 가지는 것이다.

450 ～～ 시작

자신이 먼저 변화하려는 노력을 해 보라. 자신의 상황이 얼마나 나쁘건 상관없이 스스로가 변화시킬 수 있다. 모든 것이 달라질 수 있다는 신념을 가지고 필요한 행동을 시작해 보자. 변화를 환영할 때 새로운 삶이 시작된다.

451 ～～ 앞날

앞날에 대해서는 낙관도 비관도 하지 않는 것이 좋다. 지나친 낙관은 무사안일을 부르기 쉽고 지나친 비판은 괜한 걱정을 부르기 쉽다. 앞날에 대한 좋은 대처 방식은 미래를 미래에 맡겨 두고 현재를 열심히 사는 것이다.

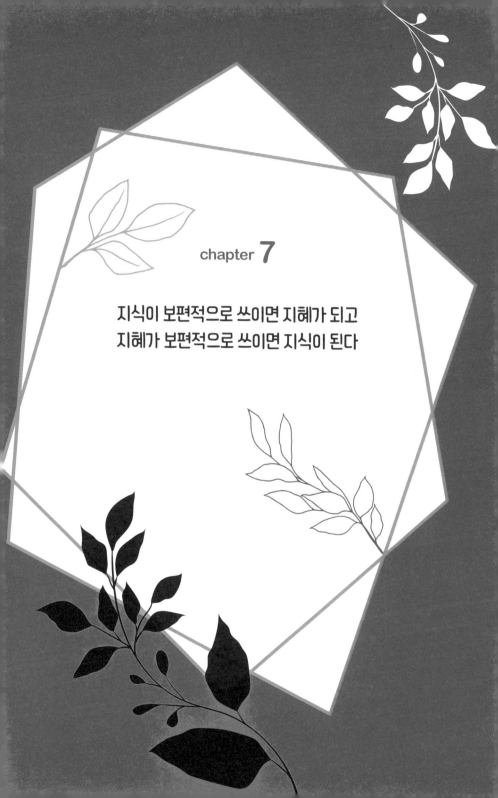

chapter **7**

지식이 보편적으로 쓰이면 지혜가 되고
지혜가 보편적으로 쓰이면 지식이 된다

우리를 망치는 것은
다른 사람들의 눈이다.
만약 내 자신을 제외한
다른 모든 사람이 장님이라면
나는 구태여 고래등 같은 집도
번쩍이는 가구도
바랄 필요가 없을 것이다.

— 벤저민 프랭클린

452 〰 인륜

인생을 살면서 인륜에 어긋난 행동을 하지 말라. 물건의 흠은 취급 방법을 어김으로써 생기고 사람(품성)의 흠은 인륜을 어김으로써 생기는 법이다. 물건에 흠이 생기면 불량품으로 제값을 받을 수 없듯이 품성에 흠이 생기면 불량한 사람으로 인간적인 대우를 받지 못한다.

453 〰 운명

운명을 극복하라. 운명은 확정적인 것이 아니라 지극히 가변적인 것이다. 차는 방향으로 공이 굴러가듯이 운명은 자신이 의지하는 방향으로만 엮여져 나간다. 내 인생에 운명이란 이름으로 예약되어 있는 것은 아무것도 없다.

454 〰 일신

하루를 감사로 매듭지어라. 자신의 하루가 얼마나 형편없었건, 혹은 얼마나 바빴건 상관없이 항상 감사하는 마음을 우선으로 하라. 특히 힘든 하루를 보냈을 때 이렇게 하는 것은 매우 중요하다. 정신적으로, 그날의 부정적인 일들에 초점이 맞추어진 자신의 마음을 드러내고, 놓쳤을지도 모를 좋은 일들을 돌아보게 하라. 이것은 부정적인 기분을 일신하는 데 도움을 주고 자신으로 하여금 다시 균형성을 찾게 만든다.

455 〰 의지

평소에는 느슨하고 어수룩한 모습을 보여도 괜찮다. 그리 중요하지 않은 일쯤은 양보해 가면서 사는 것이 오히려 좋다. 그러나 결정적인 순간에 닥쳐서는 그런 모습을 보여서는 안 된다. 그때야말로 목에 칼이 들어와도 굽히지 않을 확고한 의지를 보여줘야 한다. 그래야 불의에 굴복당하지 않을 수 있고 시정잡배들에게 끌려 다니지 않을 수 있다.

456 〰 예의

사랑한다면 우러러 존경하고, 가깝고 친하다면 깍듯이 예의를 표하도록 하라. 사랑하기 때문에 더 깍듯한 존경이 필요하고 가깝고 친하기 때문에 더 깔끔한 예의가 필요하다. 깨끗한 옷일수록 쉬 더러워지듯이 친밀도가 높은 관계일수록 사소한 무례에도 쉽게 상처를 받는다.

457 〰 비밀

비밀과 추억을 혼동해서는 안 된다. 추억을 회상하듯이 웃어넘기겠다는 짧은 생각에서 비밀을 털어놓는 것은 위험한 착각이다. 내 입장에서의 추억이 상대방에게도 추억이 되는 것은 아니고, 불행하게도 그것이 상대방과 이해관계가 얽혀 있는 일이라면 뼈아픈 화를 자초하고 만다.

458 ⌒⌒ 동무

지혜롭고 현명한 사람과 가까이 지내라. 지혜와 어리석음은 전염력이 매우 강해서 어리석은 사람과 가까이 지내면 더욱더 어리석어지지만, 지혜롭고 현명한 사람과 가까이 지내면 어리석음에서 벗어나 차차 지혜롭고 현명해진다.

459 ⌒⌒ 이타

자신을 위하는 만큼 타인을 위하고, 타인을 질책하는 만큼 자신을 질책하면 세상에 문제될 것은 없다. 자신을 위하는 만큼 타인을 위하면 서로 어울리지 못할 일이 없고, 타인을 질책하는 만큼 자신을 질책하면 바로잡히지 않을 행동이 없다.

460 ⌒⌒ 밑천

젊은이는 돈벌이에만 매달려서는 안 된다. 우선은 돈이 안 되더라도 능력 개발에 전력투구해야 한다. 인생에서 믿을 수 있는 것은 능력밖에 없다. 물질적인 것(돈, 부동산)들은 도둑맞고 부도나서 하루아침에 날아갈 수 있지만 능력은 도둑맞지도 부도나지도 않는 인생의 든든한 밑천이다.

461 ⌒⌒ 자살

자살하려고 마음먹었다면 '자살'해라. 육신만 남겨 놓고 죽으므로

써 모든 것을 해결하려고 했던 썩어빠진 정신을 죽여 버려라. 그리고 나서 인생을 새롭게 시작하라. 세상에 목숨을 내놓고서 도전해 보지 못할 일은 존재하지 않는다. 살아야 하고, 작정하면 세상에 못할 일도 두려울 일도 없다.

462 ～～～ 배필

결혼 상대자를 선택할 때, 인물을 보되 잘생겼냐 못생겼냐를 따지지 말고 건강하냐 매력이 있냐를 살펴보아야 하고, 학벌을 보되 대졸이냐 고졸이냐를 따지지 말고 인격을 갖췄느냐 태도가 겸손하냐를 살펴보아야 하며, 가문을 보되 지체가 높으냐 낮으냐를 따지지 말고 가풍이 건전하냐 가정교육이 잘되었느냐를 살펴보아야 하고, 경제력을 보되 부자냐 가난하냐를 따지지 말고 성실하냐 장래성이 있느냐를 살펴보아야 한다. 겉으로 드러나 있는 것보다는 그 이면에 숨겨져 있는 것들을 살펴서 결혼 상대자를 선택해야 뒤에 가서 후회하는 일이 생기지 않는다.

463 ～～～ 새것

예물도 새것, 예복도 새것, 집도 새것, 전자 제품도 새것, 가구도 새것, 부엌 살림도 새것… 이처럼 신혼은 온통 새것으로 시작되지만, 정작 그 안에서 살아야 할 주인공은 새사람이 아닌 경우가 많으니, 이보다 더한 모순이 또 있을까?

464 〜〜 결혼

부잣집에서 천대받고 사느니보다 평범한 집에서 사랑 받고 사는 것이 낫다. 쟁쟁한 가문에서 기죽어 사느니보다 평범한 가문에서 기 펴고 사는 것이 낫다. 잘난 사람에게 무시 당하고 사느니보다 평범한 사람에게서 귀염 받으며 사는 것이 낫다. 결혼 생활에서는.

465 〜〜 행복

행복은 집의 크기에 달려 있는 것이 아니라 그 안에서 살고 있는 사람의 태도 문재에 달려 있다. 자신의 처지에 얼마나 만족하고 감사하며 살아가느냐에 따라서 행복의 양은 결정된다. 큰 집에서 살아도 만족하지 못하면 행복의 양은 현저히 줄어들지만 작은 집에서 살아도 만족하면 행복의 양은 무한대로 확장된다.

466 〜〜 과거

들춰서 득이 될 것이 없는 과거는 들추지 말아야 한다. 가만히 묻어두면 아무 일도 일어나지 않을 과거를 공연히 들춰 천신만고 끝에 얻은 행복을 놓치는 것은 한심하기 짝이 없는 일이다.

467 〜〜 복병

결혼하기 위해서 정성을 들인 만큼 이혼을 하지 않기 위해서도 정성을 들여야 한다. 결혼은 상황의 끝이 아니라 이제 막 시작한 것에 불과하고, 결혼의 건너편에는 항상 이혼이라는 복병이 기다리고 있어서 끊임없이 정성을 들이지 않으면 최악의 상황을 면할 수 없다.

468 ⌒⌒⌒ 비극

잘못된 사랑이라면 결혼하기 전에 반드시 고쳐야(이별) 하고, 잘못된 결혼이라면 아이 생기기 전에 반드시 고쳐야(이혼) 한다. 잘못된 사랑인데도 결혼을 감행하면 단 한 번으로 족할 결혼을 두 번, 세 번 해야 하는 비극이 따르고, 잘못된 결혼인데도 아이를 낳으면 핏줄과 헤어져 애끓이며 사는 비극이 따르게 된다.

469 ⌒⌒⌒ 반응

사랑을 얻을 때, 남성은 적극성을 보이고 여성은 차분히 기다려라. 천성이 부드러운 여성은 남성의 적극적인 태도에 호감을 갖게 되고, 천성이 무뚝뚝한 남성은 여성의 다소곳한 태도에 호감을 가진다. 이와 반대로, 남성이 미지근하게 나오면 여성 쪽에서 거부반응을 일으키고, 여성이 저돌적으로 나오면 남성 쪽에서 거부반응을 일으킨다.

470 ⌒⌒⌒ 감정이입

자신과 다른 사람들을 향한 감정이입과 용서는 자신의 에너지를 건전하지 못한 방법으로 고갈시키는 이런 행위로부터 자유로워지는 것을 돕는다. 감정이입은 다른 사람이 경험한 것의 충격을 느껴보고, 그것이 나에게는 또 어떻게 영향을 주는지를 느끼는 것이다. 이것은 슬픔과 후회의 적정한 수준을 죄의식이나 비판에 위압 당하는 일 없이 느껴보는 것이다.

471 ∼ 사과

자기 잘못이 명백한 일이라면 순순히 '미안합니다'라고 하라. 누구의 잘못인지 불분명할 때도 내가 먼저 '미안합니다'라고 하라. 그리하면 아무리 험악한 상황에서라도 웃으며 헤어질 수 있다. 몹시 기분 나쁘다가도 상대가 먼저 '미안합니다'라고 하면 이내 기분이 좋아지는 것이 사람의 감정이다.

472 ∼ 호신

진실되고 착하게 사는 것보다 더 좋은 빽은 없다. 진실과 선을 앞세우면 세상에 무서울 것도 없고 머리 조아리며 도움 청할 일도 없다. 스스로 삼가고 조심하는 것보다 더 좋은 호신술은 없다. 스스로 삼가고 조심하면 시비 붙을 일도 없고 주먹으로 얻어맞을 일도 없다.

473 ∼ 지식

지식을 잘 받아들여야 한다. 지식과 인력은 상호 보완적인 동시에 상호 배타적인 관계를 가지고 있어서 지식을 어떻게 받아들이느냐에 따라서 인격을 높일 수도 있고 낮출 수도 있다. 잘 받아들인 지식은 고개를 숙이게 하지만 잘못 받아들인 지식은 고개를 뻣뻣이 쳐들게 한다.

474 ∾ 인상

사람은 처음 만날 때는 외모만 요란하게 꾸며 내보이지 말고 좋은 예의도 갖춰 내보여야 한다. 첫인상의 50%는 외모에 의해서, 나머지 50%는 예의에 의해서 좌우되기 때문에, 외모에서 합격 되어도 예의에서 불합격되면 첫인상은 실패로 돌아간다.

475 ∾ 교제

가장 단명으로 끝나는 교제는 목적이나 이기심이 개입된 교제이다. 따라서 진실한 친구를 얻기 위해서는 마음 이외에는 아무것도 주지 말아야 하며, 환심을 사기 위해서 물질적 공세를 취하는 것은 오히려 친구를 멀리 도망가게 하는 것이다.

476 ∾ 장애물

만약 꿈을 현실로 실현시킨다면 곧 고귀한 명성을 얻고 지도자의 반열에 오를 것이다. 그러나 그 꿈을 이루기에 실력이 다소 부족하다고 자신의 모든 가능성까지도 포기해 버리면 안 된다. 게다가 나의 부족한 부분이 일의 성패에 상당히 많은 영향을 끼치는 부분이라고 좌절할 필요도 없다. 자신의 길에 장애물이 있다면 그것에 연연하지 않고 다른 길로 가면 그만이다.

477 〰️ 동행

함께 어울리고 싶으면 열등의식을 불러일으키지 말아야 한다. 물과 기름은 한데 섞일 수 없듯이 우월의식과 열등의식은 한데 어울릴 수 없다. 바닥을 기고 있는 사람과 어울리는 단 하나의 길은 혼자 뛰는 것이 아니라 그와 함께 바닥을 기어 주는 것이다.

478 〰️ 경계

주먹을 쥐고 달려드는 자보다 미소를 지으며 다가오는 자를 경계하라. 주먹 쥐고 달려드는 자는 그 마음을 가늠할 수 있어서 미리 대비할 수 있지만, 미소 짓고 다가오는 자는 그 마음을 가늠할 수 없어서 대비를 소홀히 하다가 더 크게 당할 수 있다.

479 〰️ 지피지기

능력 있는 사람은 경쟁자의 심리를 사전에 파악하고 있다. 그래서 겉으로 보이지 않는 숨어 있는 의도까지 충분히 밝혀내서 상대방의 허튼 수작에 넘어가지 않는다. 삶은 선과 악의 싸움의 연속이다. 책략을 즐기는 사람은 자신의 진짜 의도를 아주 깊은 곳에 숨기고 사람들을 시험하기 좋아한다. 또한 지혜로운 사람은 사람들이 쉽게 넘보지 못하는 위치에서 제2의, 제3의 의도까지 계획한다. 그러나 교활하고 악한 사람들도 나름대로의 노하우를 바탕으로 뜻밖의 이면을 감추고 고의적으로 정직하고 무던한 자태를 드러내면서 아무렇지 않게 살고 있다. 물론 지혜로운 사람은 눈부시게 밝은 겉모습 뒤에 숨겨진 어두운 그림자를 한눈에 알아본다. 그리고 그 단순한 겉모습 뒤에 숨겨진 못된 생각도 꿰뚫어본다. 싸움은 선과 악의 심리전이다. 한없이 솔직하고 성실해 보이는 사람도 남들이 꿰뚫어보기 어려운 깊은 곳에는 지독하게 간사한 마음을 품고 있을 수 있다는 사실을 항상 염두에 두어야 한다.

480 ∾ 권력

권력을 탐하지 말라. 뽐내며 올랐다가 도망치듯 쫓겨 내려와야 하는 곳이 권력의 자리요, 박수 받으며 올랐다가 비난 받으며 내려와야 하는 곳이 권력의 자리다. 명예는 얻기 힘들고 오명은 사기 쉬운 곳, 공(功)은 만들기 어렵고 과(過)는 쉽게 만들어지는 곳, 그곳이 또한 권력의 자리다.

481 ∾ 행운

현명한 노름꾼은 푼돈에 연연하지 않고 더 큰 이득을 위해 아쉬운 시기에 과감히 돌아선다. 이처럼 성공했을 때 물러나는 것은 자신을 보호하는 현명한 방법이다. 행운은 예견하지 않고 바람처럼 왔다가 사라지는 도박과 같다. 그렇기 때문에 손에 거머쥐기도 어렵고 설사 운 좋게 거머쥔다 하더라도 잃어버리기 쉽다. 하지만 인생이 잘 풀리는 듯하다가 삐끗해서 모든 것을 잃었을 때 행운의 여신이 나타나 우리에게 위안을 준다. 그러나 행운의 여신이 언제까지나 찾아올 것이라는 기대를 버려라. 행운의 여신의 마음은 그 누구도 예측할 수 없다. 그렇기 때문에 나의 배가 순풍을 만났을 때는 거친 바람을 재촉하지 말고 바람에 돛 단듯이 잔잔히 흘러가도록 내버려두어라.

482 〰 행위

몸뚱이를 많이 움직여라. 그래야 잡념이 달라붙지 못한다. 미소를 많이 지어라. 그래야 병마가 달라붙지 못한다. 생각을 많이 하라. 그래야 어리석음이 달라붙지 못한다. 마음을 크게 하라. 그래야 이기심이 달라붙지 못한다.

483 〰 심판

죄가 되는 일(행동)은 누가 보든 보지 않든, 누구에게 들키든 들키지 않든 그대로 죄가 된다. 인륜에 어긋나는 일(행동)은 누가 눈살을 찌푸리든 찌푸리지 않든, 누구에게 꾸짖음을 당하든 당하지 않든 그대로 패륜이 된다. 죄와 패륜은 국가나 타인들이 심판하고 벌

주기 전에 자신의 양심이 먼저 심판하고 용서하지 않기 때문이다.

484 ∿ 초점

자신의 낙관적인 근육을 계발 시켜라. 낙관주의자들도 비관주의
자들이 보는 것과 똑같은 세상을 보고 있다. 하지만 그들의 대답
은 전혀 다르다. 낙관주의자는 부엌 창문 너머로 보이는 아름다운
산의 경치에 찬사를 보내는 반면, 비관주의자는 유리잔에 묻은 더
러운 손자국을 본다. 낙관주의자는 하나의 계획에서 가능성을 보
는 반면, 비관주의자는 이것은 결국 실패하게 되어 있다고 믿어 버
린다. 비난하고 불평하는 것은 단지 상황을 악화시킬 뿐이다. 어느
누구도 매일 푸념만 하는 사람 옆에 있고 싶어하지 않는다. 비난할
때나 불평할 때 좀 더 신중하라. 그리고 오히려 건설적인 해결 방
안을 모색하는 일에 초점을 맞춰라.

485 ∿ 효도

자식이 태어나면 부모의 무조건적인 희생과 양보는 시작된다. 먹
을 것이 있으면 자식 입부터 거두고, 입을 것이 있으면 자식 몸뚱
이부터 가려 주고, 마른자리 있으면 자식부터 누인다. 부모 아닌
사람은 감히 상상도 하지 못할 만큼의 희생과 양보를 힘닿는 데까
지 해낸다. 하지만 나이가 들어가면서부터 상황이 달라져 자식들
도움 없이는 생을 유지하기 힘들 정도로 육체와 정신은 쇠약해진

다. 자식 신세를 지지 않으려고 마음을 다잡아 보지만 몸은 이미 늙어 마음대로 움직여지지 않고 마음은 자꾸만 여려져 자식들 정이 그리워진다. 바로 이때, 이런 부모의 심정을 헤아려 드리는 것이 효도다. 부모가 핏덩이 자식을 혼을 다해 거두어 주었듯이 늙고 외로운 부모를 정성스럽게 보살펴 드리는 것, 그것이 지식된 도리고 효도다.

486 〰 불효

부모에게 불효하는 사이 나 또한 부모가 되어 자식의 불효를 걱정하게 되니, 부모에게 불효함은 내 자식더러 '너도 크면 나에게 불효하거라' 하고 가르치는 것과 다름없다.

487 〰 사랑

사랑하고 사랑 받으며 살아가야 한다. 인생에서 사랑은 식물에서 햇볕과 같이 절대절명의 생존 조건인 동시에 행복의 최대 조건으로, 사랑이 넘쳐 흘러야 삶도 건강해지고 행복감도 최고로 올라간다. 사랑이 없거나 부족하면 삶은 기쁨을 잃고 쓸쓸해지며 행복감은 제로로 떨어진다. 아무리 외형적인 조건들이 훌륭하게 갖추어지고 물질적으로 부족함이 없는 삶이라 할지라도 사랑이 없거나 부족하면 그것들은 아무런 행복도 가져다주지 못한다.

488 ⌒⌒ 연애

연애는 연 띄우듯이 하라. 실이 팽팽할 때는 좀 풀어줘야 하듯이 상대가 강하게 나올 때는 부드럽게 나가고, 실이 느슨할 때는 감아 줘야 하듯이 상대가 미지근하게 나올 때는 적극적으로 나가라. 실이 팽팽할 때 풀어주지 않거나 실이 느슨할 때 감아 주지 않으면 실이 끊어지거나 연이 바닥으로 추락하듯이, 상대가 강하게 나올 때 강하게 나가거나 상대가 미지근하게 나올 때 미지근하게 나가면 다툼이 일거나 연애가 끝장나고 만다.

489 ⌒⌒ 인생

오늘 좋았다고 너무 들뜨지 말고, 오늘 나빴다고 너무 실망하지 말라. 오늘 위기에 처했다가도 내일은 더 좋은 상황으로 변할 가능성이 열려 있는 것이 우리 인생이고, 오늘 좋았다가도 내일은 더 나쁜 상황으로 치달을 가능성을 배제할 수 없는 것이 우리 인생이다.

490 ⌒⌒ 근로

먹고살기 위해서 일한다고 생각하지 말라. 똑같은 일이라도 그렇게 생각하면 힘들어진다. 일이란 본래 힘든 것이지만 마음먹기에 따라 가볍게 만들 수도 있다. 하기 싫어 억지로 하면 힘들어지지만 하고 싶어 즐겁게 하면 마냥 쉬워지는 것이다.

491 ∽ 여유

물질적 여유가 꼭 마음의 여유로까지 이어지는 것은 아니다. 마음의 여유는 욕심에 의해 좌우되는 것으로, 많이 가지고도 욕심을 잔뜩 부리면 마음은 바늘 하나 꽂을 만큼의 여유도 없는 것이고, 적게 가지고도 욕심을 놓으면 마음은 강물을 담아도 남을 만큼의 여유가 생기는 것이다.

492 ∽ 궁금증

사람들은 누구나 말이나 행동에 대해서 상대방이 호응해 주기를 바란다. 하지만 상대로부터 원하는 반응을 얻지 못하는 경우도 부지기수다. 상대로부터의 답신을 원할 때 사용할 수 있는 하나의 전략은 상대에게 궁금증을 유발시키는 것이다. 그러기 위해서는 나의 신분이나 의도를 적당히 숨길 필요가 있다. 처음부터 신분이나 의도를 명백하게 밝힌다면 상대는 모든 전말을 쉽게 알아차리고 열려 있는 가능성을 외면한 채 성급한 결론을 내리게 될 것이다.

493 ∽ 음식

남에게 음식을 줄 때는 제일 싱싱하고 맛있는 것으로 준다. 내가 먹기에 아까울 만큼 맛있는 음식이 아니면 주지 말라. 잘못 주면 주고도 욕을 먹는 것이 음식이다.

494 ⌇⌇⌇ 미혹

사주점에 속아 인생을 그르치지 말라. 사주점에서는 으레 대통령 된다고 하고 부자로 산다고 하고 오래오래 산다고 한다. 단지 미래에 희망을 주기 위해 던져 주는 점쟁이의 말에 미혹되어 대책도 없이 그것을 기다리다가는 닭 쫓던 개 지붕 쳐다보는 꼴이 되고 만다.

495 ⌇⌇⌇ 병

병(病)에 관해서는 지나치게 통달하지도 말고, 지나치게 문외한도 되지 말라. 너무 많이 알면 마음의 병을 만들어내기 쉽고, 너무 모르면 작은 병을 큰 병으로 만들어 놓기 쉽다. 병원 또한 너무 자주 드나들면 건강을 의사에게만 의존 시키는 병폐를 낳고, 병원을 너무 등지고 살면 치료 시기를 놓쳐 병을 악화시키는 병폐를 낳는다.

496 ⌇⌇⌇ 불만

불만을 자주 토해내는 사람보다도 침묵으로 일관하는 사람이 더 위험하다. 불만을 그때그때 토해내는 사람은 불만이 바로바로 해소되기 때문에 뒤끝도 깨끗하지만, 불만을 꾹꾹 눌러 참는 사람은 불만을 마음속에 쌓아 두었다가 결정적인 순간에 가서 토해내기 때문에 뒤끝이 아주 고약하다.

497 ～～～ 오해

말을 하는 사람만큼 말을 듣는 사람도 신중해야 한다. 오해는 말을 하는 사람에 의해서 생길 수도 있고 말을 듣는 사람에 의해서 생길 수도 있다. 말을 하는 사람이 오해하게끔 말을 실수해서 오해를 부르기도 하지만 말을 듣는 사람이 잘못 새겨들어서 오해를 부르기도 하는 것이다.

498 ～～～ 분발

유리한 입장에 있을 때일수록 더욱 분발하라. 내가 안도하고 있는 순간에도 상대는 나를 이기기 위해 젖 먹은 힘까지 동원하여 죽기 아니면 까무러치기로 덤벼들고 있다. 상대보다 몇 발자국 앞서 있을 때 뛰지 않으면 그에게 반드시 추월당하고 만다.

499 ～～～ 참석

친한 친구의 흉사에는 만사 제쳐놓고 참석하라. 즐겁고 좋은 일에는 옷깃을 스친 친구들까지 모여들기 때문에 나 하나쯤 빠져도 표시가 나지 않지만, 슬픈 일이나 궂은 일에는 진실한 친구만이 찾아주기 때문에 내가 빠지면 금방 표시가 난다.

500 ～～～ 눈빛

사람의 진실을 알고 싶으면 눈빛을 봐라. 사람의 신체 기관 중에서 가장(假裝)할 수 없는 유일한 곳은 그곳이다. 마음속에 품은 감정을 그대로 비춰 주는 눈빛에는 거짓과 위선이 개입될 수 없고, 거짓된 감정은 오히려 눈빛에 의해 들통나고 만다.

501 〰 행동

사람의 행동에는 안과 밖이 없어야 한다. 낮과 밤이 따로 있어서도 안 된다. 집안에서의 행동과 밖에서의 행동이 한결같아야 하고, 낮에 하는 행동과 밤에 잠자리에서 하는 행동이 한결같아야 한다. 그 차이가 정도를 넘으면 위선자가 되고, 그 차이가 극과 극을 달리면 이중인격자가 된다.

502 〰 언행

말을 공손하게 해야 한다. 말과 행동은 자동차의 앞뒤 바퀴의 관계와 같아서 말[言]이 가는 곳에 행동도 따라간다. 말이 공손하면 행동도 공손하고, 말이 건방을 떨면 행동도 건방을 떤다. 그러니까 말을 함부로 하는 것은 행동도 함부로 하겠다는 선전포고가 되는 것이다.

503 〰 내면

자기 발전에는 끝이 없다. 그것은 살아가는 한 계속되는 과정이다. 사람은 내면에서부터 자신을 만들어 낸다. 자존심은 세속적인 성공이나 겉모습, 인기도, 혹은 어떤 다른 외부적인 가치에 의해서 결정되는 것이 아니다. 그것은 개인적인 책임감, 성실성을 지니고 유능함을 보이며, 가치 있는 사람으로 느끼고, 자기 인정의 태도를 수용함으로써 이루어지는 것이다.

504 〰 고통

마음이 익어 기쁨과 슬픔의 경계선을 알고, 행복과 불행의 경계선을 알기 위해서는 사선을 넘나드는 고통을 겪어 봐야 한다. 피눈물을 찍어내는 고통을 겪어 봐야 아픔을 다독거려 기쁨을 만들 줄 알고, 미움을 다독거려 사랑을 만들 줄 알고, 불행을 다독거려 행복을 만들 줄 알게 된다.

505 〰 본능

항상 이성의 끈을 놓지 말고 본능에 의한 욕구를 통제하라. 조심스럽고 신중한 사람이라도 평소에는 본능을 쉽게 통제하다가도 어느 순간 마음이 뒤숭숭하고 생각이 복잡하면 '아차!' 하는 순간에 이성의 끈을 놓아 버릴 수 있다. 만약 통제력을 잃어 버릴 것 같은 위기를 느끼면 우선 마음을 차분하게 가다듬어라. 사실 이러한 방어는 상당히 높은 수준의 통제력을 요구한다. 하지만 일단 이러한 통제력을 갖게 되면 아주 빠른 시간 안에 노여움을 평정할 수 있을 것이다.

506 〜〜 부부

얼굴만 맞대면 원수처럼 으르렁대면서도 평생을 한 지붕 밑에서 산다. 갈라서자고 보따리 싸 들고 친정 드나들기를 수십 번, 그러고도 평생을 한솥밥을 먹는다. '아휴 지겨워, 아휴 뵈기 싫어' 하면서도 평생을 한 이부자리 속에서 잔다. 그놈의 정이 뭔지, 그렇게 울고 웃으며 때로는 친구처럼 때로는 원수처럼 평생을 산다.

507 〜〜 완전한 사랑

사랑하는 사람의 완전한 사랑을 얻고 싶으면 그가 좋아하는 사람들도 사랑하고, 그가 좋아하는 일(취미)도 사랑하고, 그가 아끼는 물건들까지도 사랑하라. 그의 모든 것을 사랑해야 그의 모든 사랑을 얻을 수 있다.

508 〜〜 양육

사랑 섞어 마음 섞어 낳은 자식은 그 부모의 업이다. 그러하니 고이고이 키우고 가르쳐서 세상 스스로 살아나갈 때까지 보살펴야 한다. 무릇 자식은 부모 품속을 떠나면 동네북이 되니 이 사람 저 사람 차는 발길이 모질고 차다. 그러니 어찌 자식 버린 부모가 복받고 천상에 가겠는가.

509 〰️ 모험

신중하면 위험을 피할 수 있다. 용감하고 영리한 사람이 최악의 상황에 처하게 되는 경우는 드물다. 현명한 사람은 목표를 향한 길 위에서 한결같이 길의 중간에서 걷는다. 그들은 준비가 안 된 상황에서 갑작스러운 일을 당하지 않도록 언제나 신중하게 행동한다. 이성적인 사람은, 위험이란 정복하는 것이 아니라 시기와 형세를 잘 판단하여 피해 가야 하는 것이라고 말한다. 그들은 진지한 고민과 철저한 계획 없이 의욕만 앞서서는 큰일을 이룰 수 없다고 한다. 항상 신중한 태도로 낡고 험한 길을 피해 안전한 길을 선택하라.

510 〰️ 된다

일을 하는 중간 중간에 '된다, 된다'를 되풀이 하라. '된다, 된다' 하면 그 일은 반드시 되고 '안 된다, 안 된다' 하면 그 일은 반드시 안 된다. 세상에 '된다, 된다' 해서 안 된 일 없고 '안 된다, 안 된다' 해서 된 일 없다.

511 〰️ 전략

지혜롭고 해박한 사람은 행운에 얽매이지 않고 분별력 있고 대담하게 행동한다. 그들은 항상 자신감을 갖고 용기 있게 전진하며, 뛰어난 담력과 식견으로 사소한 일까지도 빈틈없이 살핀다. 그리고 자신의 판단과 운명을 균형 있게 조합하여 일을 추진한다. 제대로 된 하나만 처음부터 끝까지 계획대로 실천하라. 물론 실천의 과정에는 행운과 악운이 존재한다. 훗날 얻게 되는 결과는 이 과정에서 행운과 악운, 그리고 지혜로움과 어리석음을 얼마나 균형 있게 다스리느냐에 달려 있다.

512 〰 모색

실패하면 '안 되는 방법'을 하나 찾아냈을 뿐이라고 생각하라. 성공을 위해서는 '되는 방법'을 찾아야 하지만 '안 되는 방법'을 찾는 것도 그에 못지않게 중요하다. 되는 방법을 줄기차게 밀고 나가서 성공할 수도 있지만 역으로 안 되는 방법을 하나하나 줄여 나가서 성공할 수도 있기 때문이다.

513 〰 용서

살다 보면 누구나 실수와 잘못을 저지른다. 실수와 잘못이 전혀 없는 삶은 열정적인 삶이라고 할 수 없다. 중요한 것은 실수와 잘못에 대한 뒤처리다. 실수와 잘못을 저질렀을 때는 물론 그 행위에 대해 사과하고 상대로부터 용서를 받아라. 용서를 구할 때 나의 잘못이 어쩔 수 없었던 환경 때문이라면 그렇지 않은 경우보다는 훨씬 수월하게 용서 받을 수 있을 것이다. 이럴 때일수록 망설이지 말고 빨리 그 사실을 알려라. 사과할 때는 진지하고 특별해야 한다. 얼렁뚱땅 얼버무리지 말고 특별한 상황이었다는 것을 진지하게 설명해야 한다. 그것은 상대방의 분노를 감소시키는 데에 효과적이다.

514 〰️ 첫인상

지나치게 첫인상에 연연하여 상대의 또다른 면을 간과해서는 안 된다. 첫인상은 대부분 진실을 가리고 있을 수 있기 때문에 사람의 됨됨이도 그것에 가려 진실한 모습을 알아보기 힘들다. 눈앞에 보이는 겉모양에 현혹되어 맹목적으로 모든 것을 쏟아 붓는 일은 결국 자신의 얄팍함만 겉으로 드러내는 꼴이 된다. 무슨 일이든지 항상 신중하게 생각한 후에 결정하고 실행해야 한다. 그리고 첫인상뿐만 아니라 두 번째, 세 번째 인상도 주의해야 한다. 어리석은 사람은 첫인상에 쉽게 흔들리고 무슨 일이든 감정적으로 처리하기를 좋아한다.

515 〰️ 영감

영감(靈感)을 받을 수 있는 방법을 찾아라. 그것은 한 권의 책일 수도 있고, 한 편의 영화일 수도 있으며, 나를 눈물 짓게 하는 음악일 수도 있다. 그리고 누군가를 존경하는 마음도 영감을 주어 성공하도록 할 수 있다. 자신이 원하는 것에 대해 생생하게 그림을 그려 보고, 그것이 현실화되었을 때의 느낌을 상상해 보라. 영감은 창의성과 열정에 불을 붙일 것이다.

516 ～～ 일관성

나의 그룹 일원들이 대다수의 의견과 맞서려면 일관성이 있어야 한다. 그러나 어정쩡하거나 상대편의 의견에 항복하려는 기미를 보여서는 의도한 효과가 감소할 것이다. 하지만 이 전략은 자신의 주장이나 입장에 대해 확신을 가지라는 것이지 아무런 근거도 없이 고집을 부리라는 말은 아니다. 따라서 내가 왜 확신하고 있는지에 대해서 설명할 수 있는 준비가 되어 있어야 한다.

517 ～～ 유연성

뻣뻣하고 독단적인 모습은 피하라. 새로운 정보와 변화된 상황에서도 똑같은 입장을 고수하려는 사람들에게는 유연하게 대처하는 것이 그나마 효과적이다. 한 가지 완고한 자세를 고집한다면 고정적이고 경직되게 마련이다. 새로운 사건이나 독특한 상황에 부닥치면 이런 것을 무심히 지나칠 것이 아니라 생각할 시간을(최소한 그러는 척이라도 해야 한다) 가져야 한다.

518 ～～ 비교

자신의 경우에 빗대어 남을 이야기하지 말고, 남의 경우에 빗대어 자신의 이야기를 하지 말라. 내가 남이 될 수 없고 남이 내가 될 수 없듯이, 남이 내 경우처럼 살 수 없고 내가 남의 경우처럼 살 수 없다.

519 〰️ 공유

자신의 삶을 완전하게 사는 데 방해가 되는 모든 불필요한 인습들과 핑계들을 떼어 버려라. 지금부터는 진정한 자신의 모습이 무대 중심을 차지하게 하라. 그러면 자신만이 지닌 고유한 재능을 세상과 공유할 수 있다. 좀더 일치되고, 좀더 통합적이며 좀더 강력한 사람으로 느끼게 될 것이다. 그리고 다른 사람들도 나의 솔직함을 인정하고 그 가치를 알게 될 것이다. 모름지기 진실한 사람들이 가짜 모조품보다는 훨씬 더 선호 받는 법이다.

520 〰️ 속마음

하찮고 별 가치가 없어 보이는 일이라도 내가 해야 하는 일이라면 절대 경솔하게 처리해서는 안 된다. 사소한 일에 임할 때도 신중함을 잃지 않도록 자신을 철저히 보호하라. 설사 속마음을 들켜 버렸다 할지라도 변명하지 말고 잠시 침묵을 지키고 모든 것을 폭로하지 말라. 침묵은 나를 보호하는 방패 역할을 해 줄 것이다. 자신을 모조리 드러내 보인다면 좋은 평가를 받기는커녕 오히려 불합리한 대우를 받을 것이다. 게다가 좋은 성과를 거두지 못했을 때 나에게 남겨지는 것은 사람들의 오해와 비난에 의한 큰 상처뿐이다.

521 〰️ 신비주의

사람들은 쉽게 알아낼 수 있는 비밀은 별로 알고 싶어하지 않으면서 도대체 진실이 무엇인지 아리송한 비밀은 꼭 알려고 한다. 마치 어렵게 노력을 해야 간신히 얻을 수 있는 물건이 더욱 값져 보이는 것처럼 사람들은 상대의 생각을 알기 어려울수록 그를 높게 평가하는 경향이 있다. 많은 사람들이 정작 잘 알지도 못하면서 그것(혹은 그 사람)을 칭찬하고 좋아하는 이유는 단지 다른 사람들이 그것(혹은 그 사람)을 칭찬하거나 좋다고 말하는 것을 들었기 때문이다. 신비함은 확실히 증명할 수 없기 때문에 더욱 사람들의 이목을 끄는 강한 힘을 발휘한다.

522 〰〰 나

자신에게 좀 더 친절해지고 부드러워져라. 스스로 자신의 가장 좋은 친구가 되어 보라. 자신이 인간이라는 사실, 따라서 실수도 한다는 사실을 인정하라. 소중한 친구에게 그러하듯이, 자신에게 자비롭고 스스로를 용서하는 법을 배워라. 다른 사람들을 사랑으로 받아들이기 위해 필사적으로 노력하라. 그리고 자신이라는 고유한 존재의 가치를 깨닫고 사랑하라.

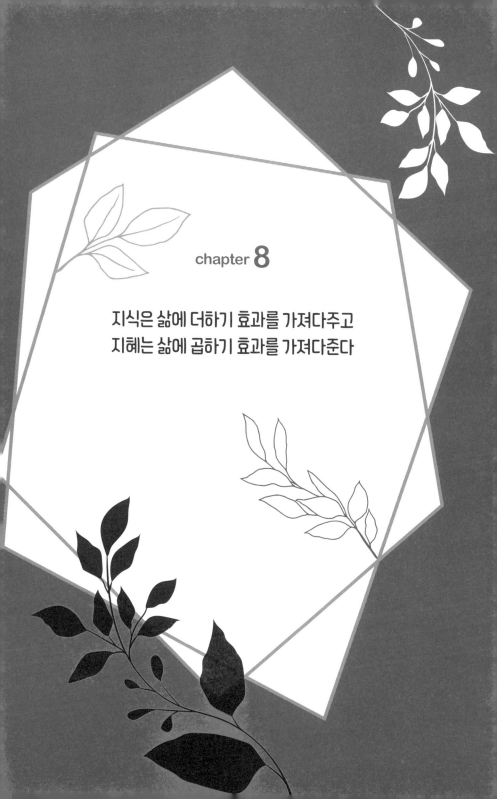

chapter **8**

지식은 삶에 더하기 효과를 가져다주고
지혜는 삶에 곱하기 효과를 가져다준다

훌륭한 사람은
오직 자기가 할 수 있는 일을 한 사람이다.
그러나 그렇지 못한 사람은
할 수 있는 일은 하지 않고
할 수 없는 일만 늘 바란다.

— 로망 롤랑

523 〰 삶

열정을 가지고 사는 사람들은 삶의 맛을 즐긴다. 그들은 삶에 대한 생기와 활력을 가지고 있다. 그리고 진정한 삶을 영위한다. 내가 열정을 느끼는 일은 무엇인지 스스로에게 질문을 던져 보라. 만일 대답이 아무것도 없다면, 아마도 불감증과 무감증이 자신의 삶 속으로 파고들었는지도 모른다. 그러니 봄맞이 대청소를 해야 할 때라고 하겠다. 열정은 이미 자신 안에 있다. 후회 없는 삶을 살아라. 행복해져라. 그래야 나라는 사람을 완전하게 즐길 수 있다.

524 〰 사람

화재로 손때 묻은 살림살이를 잿더미에 묻었어도 사람은 또 불을 지핀다. 수마로 전답을 떠내려 보냈어도 사람은 또 물을 끌어온다. 배탈로 창자를 도려내는 고통을 겪었어도 사람은 또 밥술을 뜬다. 이별의 쓴잔을 마시고 가슴이 다 썩어 내렸어도 사람은 또 사랑을 한다.

525 〰 행복

행복의 조건은 없다. 이러이러한 조건을 갖추어야만 행복해질 수 있다는 법칙은 존재하지 않는다. 낮은 곳이면 어디든 마다하지 않고 흐르는 물과 같은 행복은 호화로운 저택에도 들어가지만 쓰러져 가는 판잣집에도 마다하지 않고 들어간다.

526 〰 지혜

지식은 삶에 더하기 효과를 가져다주고, 지혜는 삶에 곱하기 효과를 가져다준다. 그래서 지식은 그 양이 많아야 삶에 보탬이 되는 것이고, 지혜는 지식의 10분의 1만 있어도 충분한 것이다. 그래서 지식은 평생을 담아야 되는 것이고 지혜는 살아가면서 하나하나 깨쳐가도 되는 것이다.

527 〰 철칙

'확실하게 알지 않으면 모른 것이다.' 이 말을 철칙으로 삼고 살아가라. 그리하면 아는 체하다가 헛다리를 짚어 망신당하는 일은 없다.

528 〰 식사

식사는 온 가족이 함께해야 한다. 특히 저녁식사만은 온 가족이 모여서 하라. 식사시간은 음식을 먹어서 육체의 영양을 보충하는 시간일 뿐만 아니라 사랑과 정을 나눠서 정신을 윤택하게 하는 귀중한 시간이다. 온 가족이 함께하는 식사시간은 가족간의 유대를 돈독히 하고 사랑과 행복을 느낄 수 있는 아주 복된 시간이다.

529 〰 건강

모든 일에 건강을 최우선으로 생각하라. 건강하면 모든 것을 얻을 수 있지만 건강하지 않으면 모든 것을 잃어야 한다.

530 〰〰 관계

변화에 민첩하게 행동하고 신분에 걸맞게 말하는 사람이 되어라. 학식이 풍부한 사람과 교류할 때는 그에 걸맞게 자신의 학식을 드러내고, 웃어른과 교류할 때는 예의를 갖추어 도리에 어긋나지 않도록 행동해야 한다. 사람은 자신과 비슷한 사람에게 더 많은 호감을 느낀다. 그러므로 대상에 따라 적절하게 자신을 부각 시키면 당신이 원하는 사람과 쉽게 가까워질 수 있다. 사람을 만나기에 앞서 우선 적절한 무기를 선택하고, 구체적으로 어떻게 만남을 진행해야 할지 결정하라. 돛단배가 바람에 따라 흘러가듯 상황에 맞춰서 자연스럽게 행동해야 한다.

531 〰〰 무례

어떤 사람이 나에게 무례하거나 냉정하게 행동한다면 다음의 네 가지 이유 중에 하나가 있기 때문이다. '첫째, 그 사람은 내가 자신을 싫어한다고 생각한다. 둘째, 그 사람은 나에게 위협을 느낀다. 셋째, 그 사람은 모든 사람들에게 냉정하게 행동한다. 넷째, 그 사람은 나를 싫어할 이유가 있다.' 먼저 문제는 나에게 있지 않다는 것을 명심하라. 이것은 적극적인 성격을 가진 상대방이 타인들도 자신에게 친절해야 한다고 생각하고 있기 때문이다. 만일 상대방이 나를 싫어하는 것이 분명하다고 생각된다면 성격과 상관없이 자유롭게 움직여라. 의연하고 여유 있는 모습에서 상대방은 나에 대해서 새롭게 생각할지도 모른다. 혐오나 질시의 원인은 나의 태도나 그릇된 신념보다는 사소한 오해나 변덕스러운 취향에서 나오는 것임을 인정하라.

532 ～～ 감사

여러 면으로 감사하다는 메시지를 남겨라. 감사하다는 말에 싫증을 느낄 사람은 없다. 전하고자 하는 내용을 분명히 할 필요는 없다. 인간이란 존재는 내적인 호기심을 갖고 있으므로 메시지가 어느 정도 불명확해도 큰 문제는 없다. 적당히 내용을 감추면 상대는 내가 전하고자 하는 말에 분명히 관심을 갖게 될 것이다.

533 ～～ 손해

물질적 손해는 대개 타인의 장단점을 제대로 파악하지 못해서 자초하고, 정신적 손해는 대개 자신의 장단점을 제대로 파악하지 못해서 자초한다. 전자의 경우에는 타인을 과소평가함으로써 사기를 당하거나 달콤한 유혹에 넘어가서 손해를 보게 되고, 후자의 경우에는 자신을 과대평가함으로써 착각에 빠지거나 어리석음에 빠져서 손해를 보게 된다.

534 ～～ 결핍

직급이 낮을수록 명함이 화려해지고, 속이 비었을수록 겉치장이

요란해진다. 세가 불리할수록 목소리가 높아지고, 지지도가 낮을수록 연설이 깊어진다. 핵심을 모를수록 설명이 장황해지고, 자신감이 부족할수록 자존심이 강해진다. 지식이 부족할수록 아는 체를 많이 한다. 자신에게 결핍된 것을 그렇게 함으로써 메우려 하는 것이다.

535 〰 한번

'딱 한 번만'이라는 말에 속아 잘못을 저지르는 우를 범하지 말라. 한 번 거짓말을 하게 되면 자꾸 거짓말을 하게 되고, 한 번 죄를 저지르게 되면 자꾸 죄를 저지르게 되는 것처럼 '딱 한 번'이 딱 한번으로 끝나는 경우는 거의 없다. 나쁜 일일수록 그것은 십중팔구 되풀이되기 마련이다.

536 〰 답게

'~답게' 행동하라. 아이는 아이답게, 젊은이는 젊은이답게, 어른은 어른답게, 학생은 학생답게, 스승은 스승답게, 지도층은 지도층답게 생각하고 행동하면 세상에 문제가 될 것이 없다. 사람으로 해서 일어나는 모든 불상사는 '~답지 않게' 생각하고 행동하는 데서부터 비롯된다.

537 ～ 말끝

말끝마다 '국민, 국민' 하지 말라. 그것은 스스로를 무책임한 정치인으로 만드는 것이다. 말끝마다 '엄마, 엄마' 하지 말라. 그것은 스스로를 마마보이로 만드는 것이다. 말끝마다 '새끼, 새끼' 하지 말라. 그것은 스스로 천박한 사람이 되는 것이다.

538 ～ 미완성

완벽한 모습으로 사람들 앞에 서라. 불완전한 과정을 자주 드러내면 불완전에 대한 좋지 않은 인상이 사람들의 뇌리에 박혀, 후에 아무리 훌륭한 완성품이 나오더라도 뇌리에 남아 있는 안 좋은 인식 때문에 좋은 평가를 받지 못한다. 아무리 맛있는 음식이라도 그것이 완성되기까지 사람들을 너무 오랫동안 기다리게 하면 기대는 지루함이 되고, 그 지루함은 식욕을 잃게 한다. 중요하고 훌륭한 일은 그것을 이루어가는 과정에 오랜 시간과 꾸준한 노력이 반드시 필요하다. 그렇다고 이 모든 과정을 사람들에게 다 보여주면 사람들이 흥미를 잃게 되는 것은 너무나 당연하다. 그래서 지혜로운 사람은 중요한 일일수록 완성되지 않은 모습을 철저하게 감춘다.

539 ～ 자세

'열중쉬어' 자세로 살아가야 한다. '차려' 자세로 살아가면 삶이 너무 경직되어서 좋지 않고, '편히 쉬어' 자세로 살아가면 삶이 너무 풀려서 좋지 않다. 또 '차려' 자세로만 살아가면 삶이 여유가 없어져서 좋지 않고, '편히 쉬어' 자세로만 살아가면 삶이 지루해져서 좋지 않다.

540 〰 전환

'사랑하니까 무례하게 굴어도 괜찮다.'는 사고방식을 '사랑하니까 무례하게 굴면 안 된다.'는 사고방식으로 전환하라. '친하니까 곤란한 부탁을 해도 괜찮다.'는 사고방식을 '친하니까 곤란한 부탁을 하면 안 된다.'는 사고방식으로 전환하라. 그것만이 애인을 지키고 친구를 지키는 길이다.

541 〰 기지

'알면 병'이 되는 일이라면 굳이 알리지 말라. '모르는 게 약'인 일이라면 슬며시 묻어 버려라. 필요하다면 거짓말을 해서라도 모르고 넘어가게 하라. 곧이곧대로 알려서 일을 시끄럽게 만드는 것보다 슬쩍 묻어서 조용히 넘어가게 하는 것이 지혜로운 자의 현명한 처세술이다.

542 〰 재치

곤란에 처했을 때 재빨리 도망치는 일은 어려움을 벗어나는 훌륭한 기술 중 하나이다. 그리고 수준 높은 유머도 곤경에 빠진 사람을 구해주거나 어려움에 처한 자기 자신을 안전한 곳으로 대피시켜 주는 재치 있는 기술이다. 이 두 가지 기술의 공통점은 적과 정면 승부를 하지 않는다는 점이다. 즉, 누군가와 대화를 하다가 피하고 싶은 이야깃거리가 나오면 우호적인 말이나 가벼운 농담으로 자연스럽게 화제를 바꾸는 재기를 발휘할 줄 알아야 한다. 만약 그것도 쉽지 않다면 차라리 무슨 말인지 못 알아듣는 척하는 것도 현명한 처사이다. 이처럼 재치 있게 말을 돌리는 기술은 별로 내키지 않는 상황에서 효과적으로 빠져나올 수 있는 현명한 방법이다.

543 〰 원인

가난은 인생을 초라하게 만드는 데 그리 큰 역할을 하지 못한다. 정말로 인생을 초라하게 만드는 것은 '노력 태만'이다. 실패는 인생을 절망으로 모는 데 그리 큰 역할을 하지 못한다. 정말로 인생을 절망으로 모는 것은 '희망 상실'이다. 고통은 인생을 고되게 하는 데 그리 큰 역할을 하지 못한다. 정말로 인생을 고되게 하는 것은 지나친 욕심이다.

544 〰 자각

내 안에서 작은 것부터 깨달아라. 진정한 깨달음은 자신을 정확히 이해하는 것이며 자신의 잘못을 솔직히 인정하는 것이다. '모든 잘못이 나에게 있다'고 인정하고 그것을 고치는 일이야말로 가장 값진 깨달음이고, 인생 최대의 이변이다.

545 〰️ 인격

우리가 범하는 가장 일반적인 착각은 학력이 높아지면 인격도 더불어 높아진다고 믿는 것이다. 고졸자보다 대졸자가, 같은 대학이라도 이른바 일류대라고 칭하는 학교 출신이 더 인격자라고 생각하는 것이다. 그러나 그것은 한참 잘못 알고 있는 것이다. 많이 배웠다고 해서 당연히 인격자가 되는 것은 아니다. 인격은 전인적인 수양을 쌓을 때 몸에 배는 것으로, 지식 습득은 인격을 쌓는 하나의 수단에 지나지 않는다. 아무리 교육을 많이 받았어도 다른 수양이 부족하다면 지식자는 될지언정 인격자는 되지 못한다.

546 〰️ 가면

평생 동안 쓰고 있을 자신이 없으면 위선의 가면을 쓰지 말고, 무덤까지 가지고 갈 자신이 없으면 신상에 해가 되는 비밀은 만들지 말라. 가면이 벗겨지는 순간 위선자로 몰려 혹독한 비판을 받아야 하고, 비밀이 들통나는 순간 엉큼한 사람으로 몰려 두고두고 시달려야 한다.

547 〰️ 자존심

자신이 남보다 우월하다고 느끼는 인간은 허풍을 떨면서 남에게 과잉 친절을 베풀거나 우쭐해서 경직되기도 한다. 이런 모습 속에는 인간은 자기가 가질 수 없는 것을 갖고 싶어하고, 자신이 감당해야 하는 것보다 더 많은 것을 원한다는 인간 보편의 법칙에 대한 경고가 담겨 있다. 우리는 타인에게 관심을 보이고 친절해야 하지만 그것이 너무 지나쳐서는 안 된다. 상대방을 만날 때 자존심을 드러내는 것은 좋지만 그것이 지나쳐 오만이나 허풍으로 보이는 일은 없어야 한다. 자신감을 갖고 살아가되 겸손하게 처신해야 할 것이다.

548 ∽ 추락

가세(家勢)가 기울어 목구멍에 거미줄이 쳐질 망정, 성공과 출세를 포기할 망정 다음 세 가지는 결단코 하지 말라. 뇌물 수수, 혼외 정사, 범죄, 이것들로 해서 추락하지 않은 인생은 없다. 최고의 권위가도 최고의 권력가도 최고의 재력가도 이것들로 해서 허무하게 스러져 갔다.

549 ∽ 매듭

위선적인 사람은 상처를 받더라도 분노를 드러내지 않고 복수할 기회만 기다리고 있다. 사람들이 영원한 적이 될지언정 영원한 스승, 친구가 되리라는 기대는 버려라. 가장 무서운 적은 나를 떠나간 친구이다. 그들은 자신의 실수에 대해서는 관대하지만 다른 사람의 실수는 절대 용납하지 않는다. 그들은 모든 것을 자신의 주관에 따라 짐작하고 판단한다. 절교해야겠다고 결심을 하더라도 그 사람과의 관계를 갑자기 매듭짓지 말고, 시간을 두고 차근차근히 감정을 정리해야 한다.

550 ∿ 평범

자신의 가치가 진실로 소중하다면 1%의 특별함에 가두지 말고 99%의 평범함에 내놓아라. 언뜻 보면 1%가 99%로부터 특별 대우를 받는 것같아 보이지만 자세히 보면 1%는 99%로부터 특별 취급(비난, 따돌림, 멸시 등)을 당하고 있다.

551 ∿ 고통

고통을 피하지 말고 의연하게 맞아들여라. 고통 자체는 무익한 것이지만 진정한 행복을 느끼기 위해서, 헛된 인생을 살아가지 않기 위해서는 꼭 필요한 것이다. 고통은 직접적이 아니면 간접적으로라도 인생에 플러스 효과를 가져다준다.

552 ∿ 상처

만약 마음에 상처를 입었다면 다른 사람에게 말하지 말라. 그렇지 않으면 나쁜 사람들의 노리개가 되기 십상이다. 나쁜 사람들은 언제나 다른 사람의 약점이나 상처를 건드릴 기회를 호시탐탐 노린다. 그래서 마음에 상처를 입고 의기소침하여 좋지 않은 얼굴빛을 드러낸다면 그들은 곧장 비웃음거리로 만들 것이다. 게다가 그런 사람들은 음흉한 속셈으로 그 상처를 자꾸 덧나게 만든다. 운명은 언제든지 사람을 가지고 장난하거나 나의 뒤통수를 칠 수 있다. 자신이 생각하기에 수치라고 여겨지는 부끄러움과 재수 없는 악운은 마음속 아주 깊은 곳에 묻어 두어라.

553 〰 고독

살아가면서 평생을 두고 싸워야 할 대상은 고독(외로움)이다. 방 안에 있을 때도, 거리를 걸을 때도 잠자리에 들 때도, 아침에 깨어날 때도 고독은 초겨울의 매서운 바람처럼 마음의 틈새를 파고든다. 심지어 부부가 누워 있는 이부자리 속에도 죽일 놈의 고독은 눈치 없이 찾아든다.

554 〰 애인

진실로 마음에 드는 사람과 결혼하고 싶다면 천생배필이 나타날 때까지 기다려야 한다. 자신이 생각했던 사람이 아니라면 아예 받아들이지 말고 비워 두어야 한다. 우선 아무나 애인 삼고 있다가 원했던 사람이 나타나면 그때 가서 지금의 애인을 버리고 다시 시작하겠다는 생각은 참으로 어리석다. 먼저 애인 때문에 진실로 좋은 사람이 나타났을 때 받아들이지 못하는 일이 생길 수가 있기 때문이다. 사랑(남녀 관계)은 '미안해' 한 마디로 간단히 정리되지 않는다.

555 〜 사랑

사랑하는 사람과 이별했다면 어느 정도 공백기를 두고 자신을 추스른 다음에 새로운 사랑을 시작해야 한다. 공백기를 가지면서 떠나간 사랑에 대한 예도 표시하고, 다가올 사랑을 위해 감정도 새롭게 살려야 새로운 사랑에 임하는 자세가 진지해질 수 있고, 만나자마자 무모하게 빠져드는 사랑 따위는 하지 않게 된다.

556 〜 비밀

비밀로 남겨 두고 싶으면 자신에게서 비밀이 새어 나가지 않게 하라. 그럴 때 비밀은 확실하게 비밀로 남을 수 있다. 자신을 떠난 비밀은 아무리 단속해도 비밀이 되지 못한다. 다른 사람에게는 절대 비밀로 해달라고 간곡히 당부해 놓았다 하더라도 그것은 '다른 사람에게 말하면 절대 안 된다'는 조건만 새로이 추가된 채 여러 사람에게로 퍼져 나간다. 그것이 절대 비밀일 경우에는 더욱더 빠른 속도로 퍼져 나간다.

557 〜 목적

소박한 목적을 가지고 살아야 한다. '인간답게 살자', '착하게 살자', '욕심 부리지 말고 살자' 등과 같이 소박하고 실천하기 좋은 목적을 가지고 살면 결코 헛된 삶에는 빠져들지 않는다. '인간답게 살자'는 목적을 가지고 살면 적어도 타락에 젖어 사는 일은 없다.

558 〰 재미

잔재미를 느끼면서 살아야 한다. 몸뚱이를 살지게 하는 것은 일 년에 한두 번 포식하는 잔칫집 음식이 아니라 매일매일 먹는 끼니이고, 마음을 행복하게 하는 것은 어쩌다 한번 클럽에 가서 신나게 흔들어 대는 큰 재미가 아니라 일상생활 속에서 매일 매일 느끼는 잔재미이다.

559 〰 돈

돈이 넘치는 것을 경계해야 한다. 허기보다 배탈이 더 무섭고, 가뭄보다 장마가 더 위험하듯이 돈은 부족해서 탈인 것보다 넘쳐서 탈인 것이 삶에는 더 위험하다. 돈이 부족하면 삶을 꾀죄죄하게 만들 뿐이지만 돈이 넘치면 삶을 타락하게 만들고 빗나가게 만든다. 돈이 부족해서 패가망신한 사람보다 돈이 넘쳐서 패가망신한 사람이 더 많다.

560 〰 살림

매일매일 가계부를 써라. 불필요한 지출을 막고 싶으면 꼬박꼬박

가계부 쓰는 것을 습관화하자. 돈을 계획성 없이 쓰는 분명한 이유는 자신이 불필요한 돈을 쓰고 있다는 사실을 모르기 때문인데, 가계부를 쓰면 그것을 가려낼 수 있어서 불필요한 지출을 쉽게 막을 수 있게 된다.

561 ～ 계산

돈 계산은 너무 정확하게도 너무 허술하게도 하지 말라. 한결같이 정확하거나 한결같이 대충대충 하면 인심 잃기 알맞다. 너무 정확하게만 하면 인정머리 없다 서운해하면서도 너무 대충대충 하면 계산이 깨끗하지 못하다고 트집을 잡는다.

562 ～ 도박

도박판에서의 불운은 돈을 잃는 것이 아니라 돈을 따는 것이다. 처음부터 돈을 잃으면 '나는 안 되는구나' 하고 빨리 단념해 버리지만, 돈을 따면 '이렇게 돈을 쉽게 벌 수도 있구나' 하고 돈 따는 맛을 들여 도박판에 빠져들기 때문이다. 도박꾼들이 처음에 돈을 일부러 잃어 주는 것은 돈 따는 맛을 들여 도박판에 끌어들이려는 속셈에서다.

563 ～ 모호함

상대방의 무례한 언행이나 반응 때문에 상처를 받기도 한다면 그와 반대로 상대방의 무관심과 무반응으로 상처를 입기도 한다. 그것이 바로 우리들의 인생이다. 질문했을 때 상대의 모호하거나 무관심한 반응 때문에 괴로움을 당했던 경험이 누구에게나 한 번씩은 있을 것이다. 어렵게 대답을 받아내긴 했으나 그 속에 기대하던 유용한 정보가 없을 수도 있을 것이다. 상대방이 모호한 대답을 했다면 대답을 유도하기 위한 더욱 특별한 질문을 하라. 일반적인 질문을 계속하면 똑같은 대답만을 들을 뿐이다. 상대방에게 대답을 추궁하지 말라. 상대를 이해하고 그에게 심리적인 여유를 주어라. 그러면 자발적으로 성실하게 답변을 하게 된다.

564 ∽ 칭찬

칭찬할 때는 약간의 충고도 곁들이고, 꾸짖을 때는 약간의 칭찬도 곁들여라. 부족한 점은 덮어두고 잘한 점만 부각시켜서 칭찬하면 자만심을 부추겨 칭찬의 효과가 반감되고, 잘한 점은 덮어두고 잘못한 점만 낱낱이 들춰서 꾸짖으면 반발심을 불러일으켜 꾸짖음이 무위로 돌아간다.

565 ∽ 과감

지나치게 신중한 태도를 취하다 놓치기보다 과감하게 달려들었다 놓치는 편을 택하라. 프로포즈 한 번 해보지 못하고 놓치는 것보다는 프로포즈했다가 거절 당하는 편이 낫고, 방망이 한 번 휘둘러보지 못하고 삼진 아웃 당하는 것보다는 헛방이라도 휘둘러보고 아 웃당하는 편이 낫다.

566 〰️ 버리기

버림받기 전에 먼저 버려라. 갈 곳이 없더라도 개선장군처럼 당당하게 돌아오고, 떠날 때도 사람들이 떠나기를 기다리기 전에 내가 먼저 앞서서 떠나야 한다. 사람들은 나에 대한 평판이 극히 나쁠 때는 나를 산 채로 묻거나 내가 평생 땅을 치고 후회하도록 나의 모든 것을 빼앗아 갈 수도 있다. 지혜로운 사람은 경주마가 은퇴해야 하는 시기를 잘 안다. 그래서 관중 앞에서 웃음거리가 되기 전에 먼저 경기장을 떠난다. 이와 마찬가지로 아름다운 미녀도 적절한 시기에 자신의 거울을 깨버려야 한다. 젊음은 영원하지 않다. 괜히 세월의 무색함을 감당하지 못할 때까지 거울을 쥐고 있다가는 후회밖에 남지 않는다.

567 〰️ 안목

하나하나에 집착하지 말고 전체를 바라보는 안목을 가져야 한다. 장기 두는 당사자들보다도 옆에서 훈수를 두는 사람이 묘수를 더 잘 발견하는 것은 장기알 하나하나에 집착하지 않고 장기판 전체를 바라보는 안목에서 비롯되듯이, 전체를 바라보면 가장 좋은 길이 선명히 보인다.

568 ⌇⌇ 기분

사람은 누구나 자신의 흠을 잡으려는 사람보다는 자신의 장점을 알아보고 그것을 칭찬해 주는 사람과 함께하고 싶어한다. 행복이라는 것은 바로 이런 감정을 충실히 재현하는 것이다. 이런 사실을 잘 알고 있는 사람은 언제나 상대의 기분을 좋게 만들 방법을 생각하고 끊임없이 상대의 매력을 찾으려 한다.

569 ⌇⌇ 새로움

자신의 인생을 위한 새로운 계획을 세우는 일에 흥분하라. 다른 사람들도 여러 가지 힘든 도전을 거친 후에 그들의 인생을 변화시켰다는 사실을 깨달아라. 변화를 거부하는 다른 피해자들을 조심하라. 자신을 자유롭게 하기 위해서는 낙천적인 형태의 에너지가 필요하다.

570 ⌇⌇ 성

성(性)은 모름지기 혀처럼 다루어야 한다. 입속에서 음식물을 섞고 말을 만들어내는 혀처럼 성은 부부가 이부자리 속에서 사랑을 섞고 행복을 만드는 것으로만 만족해야 한다. 혀가 밖으로 보여서 좋을 게 없듯이 성을 밖으로 내돌려서 좋을 것은 없다. 혀가 밖으로 나오면 흉하고, 성이 밖으로 드러나면 천하다.

571 〰️ 마음

한 사람과 인간적으로 친해지고 싶으면 자신부터 마음의 문을 열어라. 목욕탕에 가서 옷을 훌렁 벗듯이 가족 관계에서부터 고향 이야기, 어린 시절 이야기, 학창 시절 이야기, 취미 생활 이야기 등등, 자신의 속(신상)을 먼저 보여 주어야 상대도 경계심을 누그러뜨리고 속을 드러내 보여 준다. 자신에 대해서는 입을 굳게 다문 채 상대에게만 이런저런 질문을 하게 되면 상대는 마음의 문을 굳게 걸어 잠근다. 그것은 자신은 두툼한 외투를 걸치고 있으면서 상대에게만 옷을 벗고 알몸뚱이를 보여 달라는 것과 다름없는 무례가 되기 때문이다.

572 〰️ 새사람

새사람(며느리, 신입사원) 들이는 일은 밥상에 숟가락 하나 더 놓듯이 경솔하게 결정해서는 안 된다. 결정은 순간이지만 결정이 빗나간 고통은 너무나 길고도 지루하다. 사람이란 보기 싫으면 갖다 버릴 수 있는 물건과 같은 것이 아니기 때문에, 한번 잘못 들여놓으면 죽도록 보기 싫어도 집 안에다 두고 봐야 하는 고통이 따르고, 날마다 쫓아내고 싶어도 직장에 두고 부려먹어야 하는 고통이 따른다.

573 〰 성품

사람의 성품을 함부로 좋다 나쁘다 말하지 말라. 사람의 성품은 하루 이틀에 만들어지는 것도 아니고 하루 이틀에 드러나는 것도 아니다. 태어나서 나이 수만큼 차곡차곡 쌓은 것이 성품이고, 평생을 지켜봐도 다 알아낼 수 없는 것이 또한 성품이다. 사람에 대한 가장 큰 실례는 어림짐작으로 판단한 상대의 성품을 제멋대로 지껄이는 것이다.

574 〰 상식

무식자라는 딱지를 떼고 싶으면 상식 분야에서부터 도통해야 한다. 무식자라는 딱지는 지식적인 것을 모를 때보다 상식적인 것을 모를 때 여지없이 붙여진다. 지식적인 것을 모르면 '배우지 않아서 그럴 수도 있겠지' 하고 너그러이 넘어가 주지만 지극히 상식적인 것을 모르면 '에이, 무식한 인간!' 하고 당장 핀잔을 준다.

575 〰 말

말을 신중하게 하라. 말에 대한 첫 번째 책임이다. 진의 아닌 말이 나왔다면 지체없이 시정을 구하라. 말에 대한 두 번째 책임이다. 첫 번째 책임이 중요하지만 두 번째 책임 또한 가벼이 해서는 안 된다.

576 〰 악언

잔인한 말을 하지 말라. 창과 칼은 운 좋게 심장을 비껴갈 수 있어도 잔인한 말은 예외 없이 심장을 파고든다.

577 〰 발전

어떤 일을 이루어 놓은 후 '됐어!' 하고 흡족해하는 것보다 '아직…' 하고 아쉬움을 남겨 두는 것이 발전을 위해서 훨씬 낫다. 100% 만족하면 발전의 욕구가 0이 되어 그 상태로 주저앉아 버리지만, 70%만 만족하면 발전의 욕구가 아직 30%나 남아 있어 다시 분발하게 된다.

578 〰 능력

어떤 일에 도전도 해보기 전에 '할 수 없다'는 말을 하지 말라. 한계를 헤아릴 수 없는 능력은 자신의 의지 여하에 따라 무궁무진하게 뻗어 나갈 수도 있고 그 상태로 멈춰 버릴 수도 있다. 할 수 있다는 자신감을 가지면 능력은 무한정 뻗어나가지만, 할 수 없다고 자포자기하면 능력은 거기서 한계를 짓는다.

579 〰 환경

토양이 오염되면 그곳에서 생산된 농산물도 오염되고, 산모가 오염된 음식물을 먹으면 젖을 빨아 먹는 아이도 덩달아 오염되듯이,

가정이 산만하면 그곳에서 자라는 자녀들도 산만해지고, 부모의 마음이 비뚤어져 있으면 그것을 보고 자라는 자녀의 마음도 비뚤어질 수밖에 없다.

580 ∼∽ 미래

미래를 알려 하지 말라. 미래를 전혀 알 수 없다는 것이 살아가는 좋은 이유가 된다. 어느 팀이 승리할지를 모르기 때문에 목이 터져라 응원하게 되고, 어떤 문제가 나올지를 모르기 때문에 밤을 꼬박 세워가면서까지 시험 공부를 하게 되는 것처럼, 미래가 어떻게 될지를 모르기 때문에 살려고 바둥대는 것이고 지금 이 시간에 최선을 다하는 것이다.

581 ∼∽ 꿈

현실이 초라할수록 화려한 꿈을 가져라. 터무니없는 꿈이 아니라면 그것은 현실로 나타난다. 가난해서 부자를 꿈꾸었던 사람은 부자가 되고, 말단 사원으로 들어가 사장을 꿈꾸었던 사람은 사장이 된다.

582 ∼∽ 인연

인연을 함부로 맺지 말아야 한다. 복도 화도 인연 따라 들어오고 나간다. 어진 이와 인연을 지으면 자신도 그렇게 물들어 어질게 되고, 악한 이와 인연을 지으면 자신도 그렇게 물들어 악하게 된다.

583 ⌒⌒⌒ 친분

친한 사이라고 해서 경솔하게 대하거나 무례하게 굴어서는 안 된다. 친한 사이일수록 정성스럽고 조심성 있게 대해 주어야 한다. 친한 사이에서 이별을 결심하면 더 잔인하게 떠나고, 친한 사이에서 서운한 마음을 품으면 더 냉정하게 소원해진다.

584 ⌒⌒⌒ 우정

오늘의 새로운 친구는 내일의 오랜 친구라는 말을 명심하라. 새로운 친구를 사귈 때는 오랫동안 원만한 관계를 유지할 수 있는 친구를 선택해야 한다. 새로운 친구를 많이 사귀는 것보다 좋은 친구와 오랫동안 좋은 관계를 유지하는 것이 더 중요하다. 아픔과 기쁨을 공유하고 나아가 긍정적인 방향으로 서로의 발전을 도모하는 사이가 진정한 친구이다. 우정은 기쁨을 두 배로 늘리고 아픔은 반으로 줄게 하는 신비한 힘을 가지고 있다. 진정한 우정은 악운을 막아 주는 울타리이자 인간의 황량한 마음을 촉촉이 적셔 주는 고마운 비다.

585 ⌒⌒⌒ 부부애

자신만 즐거운 일보다 부부가 같이 즐거워 할 수 있는 일을 해야 한다. 부부 관계가 밝아지기 위해서는 침대 위에서뿐만 아니라 침대 밖(일상생활)에서도 즐거워야 한다. 아무리 침대 위에서 즐거워도 침대 밖에서의 즐거움이 보태지지 않으면 부부 관계는 침울해진다.

586 ∿ 화합

주먹을 휘둘러 복수하기보다 용서하여 화합하는 쪽을 택하라. 주먹을 휘둘러 상대방의 얼굴에 상처를 내놓으면 내 얼굴에 상처 나기 전까지는 발 뻗고 자지 못한다.

587 ∿ 신망

신망 있고 지도력 있는 가장 효과적인 도구는 한마디로 단순성이다. 복잡하고 혼란스러운 전략을 좋아하는 사람은 거의 없기 때문이다. 사람들 스스로가 나의 생각에 맞추기를 바란다면 그 계획은 분명하고 조직적이어야 한다. 생각에 일관성과 질서가 없고 산만하다면 사람들은 흥미를 두지 않고 진지하지 않을 것이 분명하다. 그러므로 모든 입장과 생각들은 분명하고 간단하고 직접적이어야 한다. 완고해 보이면 보일수록 나의 말은 비이성적이고 불합리한 것으로 보인다. 그러므로 항상 어느 정도의 융통성을 유지하는 것이 중요하다.

588 ∿ 완벽주의

만일 완벽주의와 씨름을 하고 있다면, 매일 조금씩 덜 완벽해짐으로써 그것과 맞서 싸워라. 완벽주의를 충동질하는 어린 시절의 완성되지 못한 어떤 욕구가 있다면 그 정체를 드러내라. 그리고 이제 성인으로서 자신이 가지고 있는 지혜를 사용해서 그 필요를 해소시켜라.

589 ～ 특기

어느 무술이든지 가장 특별한 기술은 그것을 가르치는 방법 또한 유달리 정교하고 심오하다. 특기를 드러내는 방법도 마찬가지다. 특기를 아끼고 감출 때 더욱 특별한 사람으로 대접받을 수 있기 때문에 언제 어디서든 쉽게 드러내지 말고 어쩌다 한번, 가장 중요한 순간에 잠깐 드러내 보여 줘야 한다. 예를 들어 성현의 도를 전하거나 지식과 기술을 전수할 때도 일종의 책략을 세워 조금씩 의문을 풀어주는 것처럼, 사람들에게 능력을 보여줄 때도 있는 그대로 전부 탈탈 털어 주지 말아야 한다. 그렇게 해야 능력도 오랫동안 사람들 입에 오르내리고 명성 또한 그와 더불어 오래 지속될 수 있게 된다. 일종의 제한을 두는 것은 무한 경쟁 사회에서 승리하는 중요한 기술이다.

590 ～ 도전

항구에 정박해 있는 배는 육지를 떠나 먼바다를 향해 나갈 때 비로소 그 가치를 인정받는다. 편리와 안전의 유혹이 자신이 원하는 것을 빼앗아 가도록 놔두지 말라. 돛을 달고 탁 트인 바다로 나아가라. 육지가 멀어지더라도 확신을 가지고 키를 조종하라. 처음엔 불안하겠지만 걱정하지 말라. 두려움을 느끼더라도 시도하고 도전해 보는 거다.

591 ∾ 겨룸

완벽한 사람과 겨루지 말라. 이것은 불공평한 싸움이기 때문에 한쪽은 분명 모든 것을 잃는다. 하지만 아무것도 없는 사람을 만만하게 봐서는 안 된다. 그들은 오히려 완벽한 사람 앞에서 조금도 주눅들지 않고 대담하게 달려든다. 가진 것이 없어서 더 잃을 것도 없기 때문이다. 한순간의 경솔한 선택으로 인해 나의 모든 것을 잃을 수 있다는 사실을 명심하라. 위험한 싸움의 결과는 비록 승리한 것처럼 보이더라도 승자치고는 얻은 것보다 잃은 것이 더 많을 수 있다.

592 ∾ 반복

반복의 힘은 그 의미는 분명치 않지만, 옛날부터 인류가 그 능력을 알고 이용해 왔다. 반복되는 암시의 기이한 힘은 우리의 이성을 정복해 버린다. 그래서 이것은 오늘날 선전 광고에서도 흔히 이용되고 있다. 반복함으로써 광고의 메시지를 우리의 잠재의식 속에 주입시키는 것이다. 설령 우리의 이성이 그 광고에서 별다른 감명을 받지 않았다 해도, 결국은 그것을 믿게 되고 물건을 사고 싶어 하다가 드디어 그 상품을 사게 되는 것이다.

593 〰 고생

고생 없이 인생을 빛내려고 하지 말라. 고생 없이 인생을 빛내려고 하기 때문에 일확천금을 꿈꾸게 되고 자꾸만 허황된 환상을 쫓게 되는 것이다.

594 〰 가치

가치 있는 물건은 값비싼 물건이 아니라 두루 쓸모 있는 물건이다. 자고로 큰 인물은 어떤 물건이든 가리지 않고 그것에 가장 어울리는 역할을 찾아 의미 있게 활용할 줄 안다. 요컨대, 자신이 있는 자리에서도 충분히 삶의 가치를 발견할 수 있는 사람이 지혜로운 사람이다.

595 〰 봉사

나를 위함으로써 나를 위하는 길보다 남을 위함으로써 나를 위하는 길을 찾아 행하라. 나를 위함으로써 나를 위함은 효과가 직접적이기는 하나 그 감동이 작고 오래가지 못하지만, 남을 위함(봉사)으로써 나를 위함은 효과가 간접적이기는 하나 그 감동이 크고 아주 오래간다.

596 〰 꽃

행복은 스스로 찾고, 스스로 만들어라. 남의 화단에 피어 있는 꽃
(행복)을 도둑질하여 꺾어오지 말고, 내 화단에 직접 꽃씨를 뿌려
꽃(행복)을 피워야 한다. 내가 직접 꽃씨를 뿌리고 가꿔서 피운 꽃
(행복)이 가장 가치 있는 꽃(행복)이다.

597 〰 행운

행운이 굴러들어 오기를 바란다면 그것을 기다릴 틈도 없이 열심
히 살아라. 행운은 열심히 살아가는 사람에게 찾아들지 밤에 꾸는
개꿈도 모자라 눈을 뜨고서까지 꾸고 있는 사람에게는 찾아들지
않는다.

598 〰 세월

아물지 않는 상처가 있거든 기다려라. 삭이지 못할 미움이 있거든
기다려라. 용서하지 못할 원수가 있거든 기다려라. 세월에 의해 치
유되지 못할 상처는 없다. 그 세월이 길게 가느냐 짧게 가느냐가
문제 될 뿐이지, 세월이 흘러가면 아물어지지 않을 것 같은 상처도
아물어지고, 삭여지지 않을 것 같은 미움도 삭여지고, 용서되지 못
할 것 같은 원수도 '허허' 웃으며 용서가 된다.

599 〰️ 내일

오늘 할 일을 내일로 몽땅 미루는 사람은 내일에 가서도 그 일을 절대 하지 못한다. '내일, 내일' 하며 일을 미룬 사람이 내일에 가서할 수 있는 유일(唯一)의 일은 또다시 오늘 할 일을 내일로 미루는 것뿐이다.

600 〰️ 새날

새벽이 열렸다. 새날이 열리고 인생이 열렸다. 어제의 삶이 좋았다면 오늘 한 번 더 밀어 보고, 어제의 삶이 후회스러웠다면 미련 없이 깨끗이 지우고 다시 시작하자. 한 번뿐인 내 인생 보람과 행복으로 장식하자.

풍부한 지혜는 고귀한 가치를 창조하는 훌륭한 재료이다.
지혜는 가슴이 아닌 머리에 의지하라!
우리의 주변에는 삶을 풍요롭고 즐겁게 만들어 주는
훌륭한 재료들이 도처에 널려 있다. 언제나 이 사실을 기억하라!

지혜롭고 싶을 때

초판 1쇄 발행 2020년 7월 15일
초판 5쇄 발행 2021년 7월 13일

지은이 문건오
펴낸이 이태선
펴낸곳 창작시대사

주소 경기 고양시 일산동구 장백로 20 굿모닝힐 102동 905호
전화 031) 978-5355
팩스 031) 973-5385
이메일 changzak@naver.com
등록번호 제2-1150호 (1991년 4월 9일)

ISBN 978-89-7447-230-6   03190

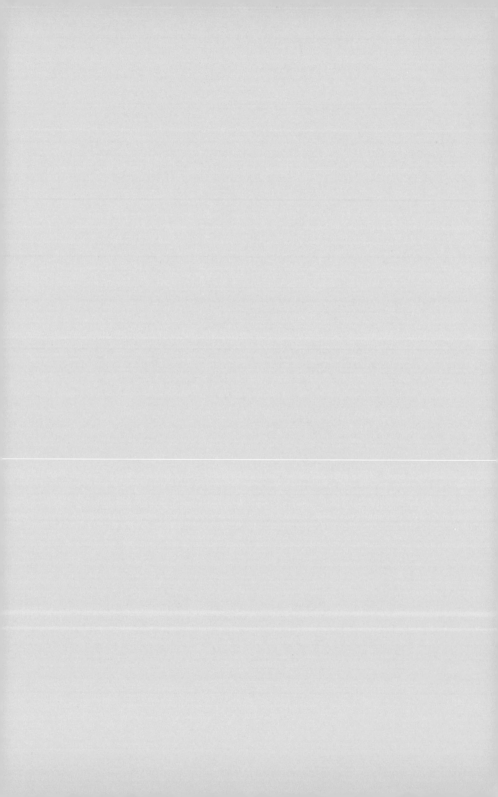